Bas Kast

Wie der Bauch dem Kopf beim Denken hilft

Die Kraft der Intuition

S. Fischer

Inhalt

Für Ellen

Eine Reise an den Abgrund des Ichs und wieder zurück

Auf der Suche nach dem inneren Genie

Sydney, Anfang Mai 2006, ich sitze in einem kargen Keller-raum der Universität von Sydney, dem *Centre for the Mind* – es ist die letzte Station für die Recherchen zu diesem Buch. Ein paar Minuten noch, dann wird der Direktor des Forschungs-zentrums, Professor Allan Snyder, meinen Verstand abschalten.

Den Verstand abschalten, das war jetzt nicht als Metapher gemeint. Nein, es ist eher so gemeint, dass Snyder mir gerade seinen Medtronic MagPro X100 Magnetstimulator an den Schädel drückt, um mit dem Gerät einen Teil meines linken Gehirns lahmzulegen.

Ziel der Operation ist es, mich in ein autistisches Genie zu verwandeln. Einen *Rain Man*. Natürlich nur annäherungs-weise und, wie ich hoffe, vorübergehend.

Soeben hat der Forscher seinen Assistenten losgeschickt: Er soll sich vergewissern, dass ein Arzt im Gebäude ist. Etwas besorgt blicke ich zu Snyder hoch.

»Keine Angst«, versucht Snyder mich zu beruhigen, »es ist noch nie etwas passiert.« Andererseits, es handle sich um eine sehr starke Magnetstimulation, und da könne man natürlich nie wissen. Das sei halt der Preis, den man zahlen müsse, wenn man neue, noch unbekannte Wege auskundschaften wolle. Wer als Wissenschaftler nicht bereit sei, diesen Preis zu zahlen, meint Snyder, der könne sich »genauso gut an den Strand legen«.

Ich schließe die Augen und sehe den Strand. Ich sehe die Surfer von Manly, dem idyllischen Stadtteil Sydneys direkt am Pazifik, wo ich in einem kleinen Hotel untergebracht bin; in meinem Zimmerchen kann man die Brandung hören. Irgendwie gefällt mir die Vorstellung besser als die, dass Snyder, der mit seiner umgekehrten Baseballkappe auf dem Kopf einen leicht exzentrischen Eindruck macht, gleich eine Viertelstunde lang mein Gehirn magnetisieren wird – und das alles nur aufgrund einer waghalsigen Hypothese.

Diese Hypothese, die allerdings in letzter Zeit von immer mehr Hirnforschern vertreten wird, lautet: *In jedem von uns könnte ein kleines Genie stecken*, ein kleiner Leonardo da Vinci. Der Leonardo in uns wird nur, wie Snyder & Co. vermuten, von einem Teil unseres Verstands *aktiv unterdrückt*. Im Grunde müsste man also lediglich diesen Teil des Verstands *ab*schalten, um das innere Genie *an*zuschalten. Das soll der Magnetstimulator bewerkstelligen: Die Impulse des Geräts sind so stark, dass sie durch den Schädel dringen und das Gehirn, Verstand inklusive, schachmatt setzen.

Der Assistent ist zurückgekehrt: »Alles klar!«, sagt er. »Kann losgehen.«

Sollten Sie an dieser Stelle den Eindruck bekommen, dass sich das Ganze mehr nach Science-Fiction als nach Science anhört, und sich fragen, ob Dr. Snyder vielleicht einer jener verrückten Forscher ist, die die Bodenhaftung verloren haben, dann kann ich Ihnen nur sagen, dass mir diese Frage, kurz bevor Snyder den Schalter umlegte, auch durch den Kopf geschossen ist – doch da gab es für mich kein Zurück mehr.

Nadias Verwandlung

Außerdem: Die grundsätzliche Idee, dass sich in jedem, also auch in Ihnen und sogar in mir, ein Genie verbergen könnte, die scheint mir alles andere als verrückt zu sein. Es gibt eine kleine Gruppe von Ausnahmemenschen, die diesen Verdacht nahelegt; Psychologen bezeichnen sie als »Savants«, was soviel heißt wie »Wissende«.

Savants sind meist mehr oder weniger stark hirngeschädigt, oft autistisch, und verfügen doch über nahezu unglaubliche Spezialbegabungen. Häufig tauchen die Talente wie aus heiterem Himmel in ihnen auf, als würden sie längst in ihren Hirnen schlummern und nur darauf warten, geweckt, besser gesagt: enthemmt zu werden, eben zum Beispiel durch einen Hirnschaden.

Manche Savants sind Gedächtnis- und / oder Rechengenies. Einer, ein britischer Junge namens Daniel Tammet, der unter einer milden Form von Autismus leidet, hat kürzlich die Zahl Pi bis auf über 22 500 Stellen hinter dem Komma aufgesagt, aus dem Kopf, versteht sich, wofür er fünf Stunden und neun Minuten brauchte. Er brach damit den Europarekord. Er kann Ihnen auch binnen Sekunden ohne Taschenrechner und ohne Papier und Bleistift ausrechnen, dass 37^4 1 874 161 ergibt.[1]

Andere Savants sind Klaviergenies. Leslie Lemke etwa. Leslie ist geistig behindert. Er ist blind. Aber er hat das absolute Gehör. Eines Abends, als Leslie 14 Jahre alt war, lief im Fernsehen eine Show, in der Tschaikowskys Klavierkonzert Nr. 1 gespielt wurde. Mitten in der Nacht wachte Leslies Adoptivmutter auf, weil sie meinte, der Fernseher sei noch an. Sie ging ins Wohnzimmer, um nachzusehen: Dort saß Leslie und spielte Tschaikowskys Klavierkonzert fehlerfrei – er hatte das Stück genau ein einziges Mal gehört.[2]

Einige Savants sind wandelnde Enzyklopädien oder können zu jedem Datum den Wochentag nennen.[3] Andere sind Genies im Zeichnen, wie Nadia.

Schon als kleines Kind zeigte Nadia alle Anzeichen von Autismus: Sie war stumm, mied Augenkontakt und lebte völlig zurückgezogen in ihrer eigenen Welt. Manchmal schrie sie für zwei oder drei Stunden am Stück, oder sie starrte eine halbe Stunde lang einfach nur in die Luft. Und doch, dieses behinderte Mädchen hatte bereits in einem Alter zwischen drei und vier Jahren Zeichnungen zu Papier gebracht, die so präzise und so schön aussahen, als seien sie von Leonardo da Vinci höchstpersönlich – wie dieses Karussellpferd:

Doch so zauberhaft leicht Nadia das Zeichnen von der Hand ging, so schwer fiel ihr das Sprechen. Als sie fünf war, bestand ihr aktives Vokabular aus weniger als zehn Wörtern, und sie war nicht imstande, zwei Wörter zu einem Minimalsatz zu kombinieren. Vieles, was man ihr sagte, verstand sie schlicht nicht. Auch mit übergeordneten Konzepten und Kategorien konnte sie nichts anfangen, beispielsweise mit der Kategorie »Stuhl«: Zeigte man ihr die Bilder von zwei verschiedenen Stühlen, schien sie nicht zu erkennen, dass es sich dabei um Gegenstände der gleichen Kategorie handelt.

Als Nadia sieben Jahre und sieben Monate alt war, kam sie in eine Schule für autistische Kinder, wo sie – in begrenztem Maße – zu sprechen lernte. Und da offenbarte sich etwas Son-

12

derbares: *Je besser sie sprechen lernte, desto geringer wurde ihr Zeichentalent.*

Schließlich malte Nadia nur noch selten spontan, und wenn man sie dazu aufforderte, dann war von dem einstigen Leonardo-Funken nicht mehr viel übrig geblieben. Ihre Bilder wurden gewöhnlich. Es war, als hätte die Sprache Nadias Zeichengenie ausgelöscht.[4]

Verbirgt sich in jedem von uns ein kleiner Leonardo?

Geniale Savants sind extrem selten. Insgesamt sind um die 100 Fallgeschichten von hochbegabten Savants dokumentiert.[5]

Nadia war eine von ihnen – bis man ihr die Sprache beibrachte. Damit wirft ihre Geschichte eine faszinierende Frage auf: Ist es möglich, dass Nadia so gut zeichnen konnte, nicht *obwohl*, sondern *weil* sie mit Sprache und abstrakten Konzepten nichts anzufangen wusste? Steckt in jedem von uns ein Leonardo, der nur unter einer allzu dicken Schicht von Sprache und Verstand verschüttet liegt? Wir bezeichnen Savants als »behindert«, und das sind sie in gewisser Weise auch. Aber wie steht es mit uns selbst? *Behindern wir uns etwa alle selbst?* Verbergen sich in uns allen Savant-Fähigkeiten, die bei unseren Erziehungspraktiken und in unserer Kultur nur nicht zur Entfaltung kommen? Und wenn ja, wie ließen sich diese kreativen Kräfte freilegen?

Eine Möglichkeit könnte Snyders Magnetbehandlung bieten – zugegeben, eine eher brachiale Methode, das innere Genie zu entfesseln; wie die Angelsachsen sagen: *quick and dirty*, schnell und schmutzig. Aber gut, im Laufe der Recherchen zu diesem Buch wurde mir irgendwann klar: Wenn es wirklich so ist, dass allzu viel Verstand dem Genie in dir nur im Wege steht, dann hilft alles nichts, dann musst du in den sauren Apfel beißen. Dann musst du nach Sydney.

Kurz vor der Magnetisierung wurde mir etwas flau im Magen. Ich fragte Snyder, ob er sich selbst auch schon mal den Verstand ausgeschaltet habe:

»Oh ja!«, sagte er begeistert. »Was glauben Sie denn?«

»Und? Wie fühlt sich das an?«

»Intensiv«, sagte Snyder; seine Augen leuchteten. »Entspannen Sie sich, diese Erfahrung wird Sie bereichern. Betrachten Sie es als Reise ins Ich. Sie werden sich gleich ganz anders fühlen.«

Ich glaube, das war genau das, was ich befürchtet hatte – aber dazu später mehr: In Kapitel 5 finden Sie einen ausführlichen Lagebericht darüber, wie ich die Magnetbehandlung überstanden habe und wie es sich anfühlt, einmal im Leben für eine Stunde ein Savant zu sein.

Unser allzu rationales Selbstbild

Dieses Buch möchte Sie zu einer Reise einladen. Einer Reise ins Ich.

Aber es soll nicht nur eine Reise ins Ich werden, sondern auch eine kleine Reise um die Welt, in die wissenschaftlichen Labors, in denen Forscher derzeit das bemerkenswerteste Phänomen ergründen, das es auf dieser Erde gibt: Sie.

Um es vorweg zu nehmen, und ich bin sicher, Sie haben es selbst schon gelegentlich festgestellt: *Sie sind wirklich verdammt kompliziert.* Das beginnt mit den 100 000 000 000 (100 Milliarden) Nervenzellen, den Neuronen, aus denen sich Ihr Gehirn zusammensetzt, sowie den etwa 100 000 000 000 000 (100 Billionen) Verbindungen zwischen ihnen. Jedes Neuron Ihrer Großhirnrinde steht in Kontakt mit 10 000 bis 20 000 seiner Kollegen, die sich über Dutzende von Botenstoffen ständig gegenseitig Nachrichten schicken.[6]

Die Zahl der möglichen Zustände, die Ihr Gehirn annehmen kann, ist schier unbegrenzt. Sie übersteigt bei weitem die Zahl aller Atome des sichtbaren Weltalls, die man auf

10 000 000 000 000 000 000 000 000 000 000 000 000 000 000 000 000 000 000 000 000 000 000 000 000 000 000 000 (10^{79}) schätzt.[7] Wenn Sie jetzt meinen, dass sich das nach einer ganzen Menge anhört, dann könnte das nicht zuletzt damit zusammenhängen, dass es eine ganze Menge *ist.*

Mit anderen Worten: Der Kosmos in Ihrem Kopf bietet sehr viel Raum für sehr viele Möglichkeiten. Ihr Ich besteht nicht aus einer Einheit, sondern aus einer Vielheit. Es setzt sich aus zahlreichen Schichten, Kräften und Gegenkräften zusammen. Diese »Kräfte« nennen wir »Verstand«, »Vernunft«, »Gefühl«, »Intuition«, »Unbewusstes« usw. Sie sind natürlich *alle* diese »Kräfte«. Darüber hinaus stehen Ihrem Ich viele Wege offen, sich auszudrücken: sprachliche, musikalische, malerische ...

Seit der Antike haben wir in unserer abendländischen Kultur vor allem zwei Schichten oder Kräfte in uns schätzen gelernt und an die Spitze unseres Ichs gesetzt. Sie haben das Sagen in uns oder sollten es zumindest haben. Diese zwei Instanzen sind: der Verstand und dessen Lieblingsinstrument, die Sprache.

Zugleich hielten viele Philosophen von Platon bis Immanuel Kant jene Kräfte in uns, die *nicht rational* denken und sprechen können, die »irrationalen« Kräfte, für bestenfalls zweitrangig. Manche gingen noch einen Schritt weiter und meinten: Die Gefühle und das Irrationale seien schlicht »Denkfehler«, die es auszumerzen gelte. Stattdessen beschworen sie die Vernunft, den Verstand und die rationale Sprache.

Nebenbei gesagt, es ist wohl kein Zufall, dass es sich bei all diesen Denkern um Männer handelte. Es waren Männer, die die Ratio – sprich: sich selbst – vergöttlichten, während sie die Frauen auf »Gefühlsduselei« und das Musische reduzierten und damit abwerteten.

Diese einseitige Sicht dominiert unsere Gesellschaft bis heute. Sie zieht sich bis in unseren Alltag hinein, in dem es darauf ankommt, stets ein verbales und logisch einwandfreies Argument für alles parat zu haben. Wenn man *das* hat, ist man aus dem

Schneider. Wenn man uns fragt, warum wir uns so und so verhalten haben, verlangt man ein rationales Argument. Auch wenn hinter unserem Verhalten eine Intuition oder widersprüchliche Gefühle stehen, die sich kaum in Worte, sondern vielleicht besser in einem Bild oder einer Musikkomposition fassen lassen – man würde uns wohl für verrückt halten, würden wir die Frage mit einer Klaviersonate in cis-Moll beantworten. Am Ende *müssen* wir unser Gefühl auf das Format der rationalen Sprache[8] bringen. Das Buch, das Sie gerade in Ihren Händen halten, ist dafür nur ein weiteres Beispiel.

Auf dieser Sicht haben wir unser ganzes Erziehungs- und Bildungssystem aufgebaut.

Das fängt damit an, dass wir von unseren Kindern verlangen, ihre Bedürfnisse in Sprache auszudrücken. Ob die Sprache dafür überhaupt ein geeignetes Instrument ist, werden wir noch sehen. Als Nächstes schicken wir unsere Kinder in Schulen, in denen so gut wie alles darauf ausgerichtet ist, die rationale Schicht weiter auszubauen. An der Universität lernen wir mehr und mehr, wissenschaftlich zu denken. Wir lernen, unsere Aussagen abzusichern. Dasjenige, was sich nicht absichern, was sich nicht klar in Worte oder Zahlen fassen lässt, muss ausgeklammert werden.

So verbringen wir Jahre, Jahrzehnte, ja nicht selten unser ganzes Leben damit, unser Gehirn auf *rationale Leistungsfähigkeit* zu trimmen.

Und das tun wir nicht von ungefähr. Wir tun es ganz bewusst, ganz gezielt. Wir tun es in der Überzeugung, dass die rationale Schicht die Entscheidende ist, die Effektivste und Wertvollste von allen. Deshalb fixieren wir uns so auf sie und investieren Jahrzehnte, um sie zur Perfektion zu bringen. Wir haben uns zum *wissenschaftlichen Menschen* gemacht, und zwar freiwillig. Niemand hat uns dazu gezwungen. Wir haben es getan aufgrund eines Menschenbilds, das von Philosophen und Wissenschaftlern seit jeher vorangetrieben, verteidigt und immer wieder in ein modernes Gewand gekleidet wurde: das Bild vom Menschen als *animal rationale*.

16

Wer denken will, muss fühlen

Noch bis in die 1980er Jahre hinein war das Bild, das sich die Forscher von Ihrem Ich machten, auf die Ratio reduziert. Damals, inmitten der »kognitiven Wende«, hielten die meisten Wissenschaftler unser Gehirn für einen Computer. Man sprach von Hard- und Software, ohne mit der Wimper zu zucken, und das, obwohl es diese Trennung im Gehirn gar nicht gibt. Um uns selbst zu verstehen, hieß es, müssten wir nur den Computer verstehen!

Die Computermetapher nährte das ohnehin rationale Bild, das wir von uns selbst geschaffen hatten. Das, was einen Computer auszeichnet, sind schließlich nicht seine tief empfundenen Gefühle, sein Gespür, seine Intuitionen oder seine sonstigen, nicht vorhandenen irrationalen Kräfte, sondern genau umgekehrt: seine hochpräzisen, logischen Operationen.

Dann änderte sich etwas.

Allmählich standen den Forschern immer mächtigere Instrumente für ihren Vorstoß ins Ich zur Verfügung. Im Laufe der 1980er und 1990er Jahre machten es die Apparate möglich, erstmals einen direkten Blick auf unsere »Festplatte« zu werfen. Mit Hirnscannern wie der funktionellen Magnetresonanztomographie ließ sich das menschliche Gehirn bei der Arbeit zusehen, haargenau, millimetergenau.

Und dabei offenbarte sich ein ganz anderes Bild als das, was sich die Wissenschaftler so lange von uns gemacht hatten. Überrascht stellten Hirnforscher fest, dass praktisch jeder Gedanke, jede Wahrnehmung und jede Erinnerung von Gefühlen begleitet wird. Auf der Ebene des Gehirns lässt sich das Denken, Wahrnehmen und Erinnern – das, was man als »Kognition« bezeichnet – oft gar nicht vom Fühlen trennen. Die Computermetapher brach in sich zusammen. Die kognitive Wende machte Platz für eine »emotionale Wende«. Nun hieß es: Wer denken will, muss fühlen.

Die Hirnforschung ist längst nicht der einzige Wissenschaftszweig, der unsere Gefühle und unsere irrationale Seite systematisch erkundet. Was sich in den »Labors des Ich« vollzieht, gleicht vielmehr einer Revolution auf breiter Front:

- *Neurologen* beschreiben Fallgeschichten von Menschen, die aufgrund eines Hirnschadens entweder generell nicht mehr fühlen können oder denen einzelne Emotionen, wie Angst- oder Ekelgefühle, abhanden gekommen sind. Wenn man sich die Schicksale dieser Menschen ansieht, wird einem die Bedeutung der Gefühle für unser Leben und Überleben schlagartig klar.

- *Roboterforscher* dachten lange: Wer eine intelligente Maschine herstellen will, braucht keinen Körper, keine Sinnesorgane und keine Gefühle, sondern nur »nackte« Informationen und Regeln. Sehr weit ist man mit diesem Ansatz nicht gekommen, zumindest kam dabei nichts heraus, was wir als wirklich intelligent bezeichnen würden. Mittlerweile verfolgen viele Roboterforscher eine andere Strategie und statten ihre Maschinen mit »Augen«, »Ohren« und anderen »Sinnesorganen« aus, in der Hoffnung, sie über diesen Weg zur Intelligenz zu »erziehen«.[9] Einer der Gründerväter der Künstlichen Intelligenz, Marvin Minsky vom MIT[10], ist neuerdings sogar zur Auffassung gekommen, dass die derzeitigen Maschinen deshalb nicht sonderlich kreativ denken können, *weil sie keine Gefühle haben.*[11]

- *Psychologen* hielten uns über weite Strecken des 20. Jahrhunderts für eine Art Reiz-Reaktions-Maschine, die sich beliebig programmieren lässt – wie ein Pawlow'scher Hund. Der »Behaviorismus« dominierte die akademische Psychologie. Da es noch keine Hirnscanner gab, galt das Gehirn als *black box*, als wissenschaftliches Sperrgebiet. Die Psychologie sollte methodisch ebenso rigoros vorgehen wie die Physik und sich auf das objektiv beobachtbare Verhalten (*behavior*) beschränken. Das Ich wurde zur No-Go-Area deklariert. Die Situation grenzte ans Absurde: Die Psychologie sollte sich möglichst *nicht* mit der Psyche, die sich ja nicht objektiv beobachten ließ, beschäftigen! Wer es als Forscher dennoch wagte, »unwissenschaftliche« Begriffe wie das »Ich«, das »Bewusstsein« oder das »Unbewusste« in den Mund zu nehmen, riskierte seine Karriere. Ich habe Anfang der 1990er Jahre Psychologie studiert, und auch wir wurden damals noch mehrere Semester mit dem Behaviorismus traktiert.[12] Inzwischen haben sich die meisten Psychologen vom Behaviorismus verabschiedet und sich unserer Psyche zugewandt. Sie erforschen zwar nach wie vor unser Verhalten, greifen aber für die Erklärungen unseres Verhaltens auf unsere Innenwelt zurück, und zwar nicht nur auf unsere *Kognitionen*, sondern zunehmend auch auf unsere *Emotionen*.

Dazu ein kleines Beispiel. Die Recherchen zu diesem Buch führten mich – *bevor* ich mir in Sydney den Verstand abschalten ließ – auch in ein psychologisches Labor an der University of Chicago, wo mich eine Forscherin namens Sian Beilock mit ihren neuesten Studien vertraut machte. Während unseres Rundgangs durchs Labor eilte die junge, lebhafte Frau plötzlich zu einer Tafel und kritzelte darauf mit weißer Kreide zwei Buchstabenpaare: DK und FV. Völlig unvermittelt fragte sie mich, welches Paar mir besser gefällt.

Was meinen Sie? Was gefällt Ihnen besser: DK? Oder FV?

Ich hatte keine Ahnung, worauf das Ganze hinauslief, antwortete aber spontan: DK. Ich weiß nicht warum. Ich mag die Buchstaben einfach lieber.

Die Forscherin hat den Versuch natürlich schon an Dutzenden von Testpersonen ausprobiert. Wie sich herausstellte, war meine Antwort nicht sehr originell: Die meisten Leute sagen DK.[13]

Und Sie? Gefällt Ihnen DK auch besser? Dann lassen Sie mich doch mal raten: Könnte es sein, dass Sie ziemlich gut tippen?

Oder sind Ihnen DK und FV gleich lieb? Dann würde ich wetten, dass Sie Ihre Zeit nicht so oft an einem Computer oder einer Schreibmaschine verbringen. Stimmt's?

Die Tests der Chicagoer Forscherin zumindest ergaben genau dieses Bild: *Nur Menschen, die oft am Computer oder an einer Schreibmaschine tippen, bevorzugen DK;* alle anderen sind da eher leidenschaftslos. Warum?

Während ich noch über den möglichen Grund grübelte, klärte die Psychologin mich bereits auf. Die Buchstaben D und K tippen wir *mit verschiedenen Fingern.* F und V dagegen liegen auf der Tastatur so nah zusammen, dass wir sie mit dem *selben* Finger tippen »müssen«, und zwar nacheinander. Ich merke gerade jetzt, indem ich dies schreibe, wie viel leichter es mir fällt, DK zu tippen als FV. Bei FV kommt einem sozusagen ständig der eigene Finger in die Quere. Das, meint die Forscherin, könnte der Grund dafür sein, weshalb die fleißigen Tipper unter uns die Buchstabenkombination DK mehr mögen als FV.

Die Psychologin hat das Experiment mit zahlreichen Buchstabenkombinationen durchgespielt. Stets stieß sie auf das gleiche Resultat: Fast immer bevorzugen die Leute Letternpaare wie DK oder FJ oder CJ – *aber nur, wenn sie oft tippen.* Für Alternativverklärungen, wie etwa, dass die Buchstabenkombination DK einfach häufiger in Wörtern vorkommt als FV, ließ sich hingegen keinerlei Bestätigung finden.

Vielleicht halten Sie die Erklärung der Chicagoer Psychologin dennoch für spekulativ, und da würde ich Ihnen nicht widersprechen. Während ich diese Zeilen tippe, ist ihre Studie eben erst für eine Veröffentlichung im angesehenen Fachmagazin *Psychological Science* akzeptiert worden. Sie ist noch so neu, dass keiner wissen kann, ob ihre Erklärung tatsächlich den Nagel auf den Kopf trifft.

Und doch passt dieses Puzzlestückchen in das Bild, das sich den Wissenschaftlern in den letzten Jahren immer klarer offenbart hat: Auch dort noch, wo wir es vielleicht gar nicht erwarten, kommen der Körper und die Gefühle ins Spiel. Wenn der

Erklärungsansatz der Forscherin in die richtige Richtung geht, dann ist selbst unser Urteil über ein Letternpaar wie DK kein rein *geistiges* Urteil, sondern ein *körperliches*: Es könnte buchstäblich an unserem Fingerspitzengefühl liegen, wenn uns DK besser gefällt als FV![14]

Lernen Sie Ihre intuitive Seite kennen

Die Tatsache, dass die Wissenschaft unsere irrationale Seite so lange ausgeblendet hat, bedeutet letztlich, dass sie uns gar nicht richtig verstehen konnte. Sie hat uns nur bruchstückhaft zur Kenntnis genommen.

Das ändert sich momentan. Das Bild von uns selbst erweitert sich zusehends, und was das Aufregende ist: Diese Erweiterung unseres Selbstbilds – weg von einem auf die Ratio reduzierten *Homo faber* hin zu einem ganzheitlichen Menschen, der außer einem Kopf auch noch einen Bauch hat – geht nicht von ein paar hoffnungslosen Romantikern oder esoterischen Kommunikationsgurus aus. Im Gegenteil, sie entspringt geradezu dem Epizentrum der Rationalität, sie entspringt den Köpfen jener eher nüchternen Typen, die unser rationales Weltbild verkörpern: den Wissenschaftlern. Mir kommt das Ganze ein bisschen so vor, als würde Ludwig XVI. höchstpersönlich zum Sturm auf die Bastille ansetzen. Man könnte es auch wie folgt formulieren: *Die Ratio selbst stößt an ihre Grenzen und entdeckt die Macht des Irrationalen.*

Um diese Entdeckungen geht es in diesem Buch. Die Reise, die Ihnen bevorsteht, soll nicht nur zu den bekannten und anerkannten Regionen Ihres Ichs führen. Sie soll nicht nur Ihren rationalen Verstand erkunden. Nein, dies wird eine Reise zu den meist dunkleren, leiseren, stilleren Regionen Ihres Ichs: zu Ihren Gefühlen, Ihrer Intuition, Ihrem Unbewussten und Ihren »kreativen Kräften«.

Unterwegs möchte ich – soweit das möglich ist in einem »Reiseführer«, der sich weitgehend der rationalen Sprache bedient – nicht nur Ihren Verstand, sondern auch Ihre irrationale Seite ansprechen. Wenn ich Sie also gleich im ersten Kapitel in die Wüste schicke und mit eher ungemütlichen Zeitgenossen wie diesem

konfrontiere, dann tue ich das nicht, um Sie zum Besten zu halten, sondern nur in dem Versuch, Ihr ganzes Ich mitsamt seinen Gefühlen und Instinkten und irrationalen Kräften einzubeziehen. Und so wird hie und da auch meine eigene irrationale Seite zum Vorschein kommen.

Meine These dabei ist, auf eine Formel gebracht: Während sich die Ratio oft beschränkt, eindimensional, um nicht zu sagen dumm verhält, erweist sich das vermeintlich Irrationale als offener, als etwas, das häufig viele Seiten einer Sache beleuchtet und sich damit auch klüger als die Ratio verhalten kann.

Nehmen wir die *Gefühle* als Beispiel. Unsere Gefühle sind, wie wir in Kapitel 1 und 4 sehen werden, alles andere als Denkfehler, sondern *integraler Bestandteil des Denkens*. Die Gefühle verändern den »Spielmodus« des Gehirns und werden damit zur Triebfeder gerade des *kreativen* Denkens. In kritischen Situationen greifen unsere Gefühle dem Verstand unter die Arme und helfen ihm, Entscheidungen zu treffen, die im Dienste unseres Überlebens stehen. Es gibt Patienten, die *nichts mehr fühlen*, und diese Menschen werden nicht etwa hyperrational und weise, sondern das Gegenteil: Sie werden zu Tölpeln des Lebens.

Wieso also haben wir die Gefühle so lange verteufelt? Wie

kam es, dass Ratio und Sprache die Herrschaft in unserer Psyche übernahmen? Wo liegen die Wurzeln dieser »rationalen Wende«? Und wie hat sich das Bild gewandelt? Um diese Fragen geht es im ersten Kapitel, das eine Zeitreise werden soll: eine kurze Geschichte der Gefühle, vom antiken Athen bis zur Gegenwart mit der emotionalen Wende, deren Zeitzeugen wir sind.

Dabei sind die Gefühle natürlich nur *ein* Aspekt des Irrationalen. Ein anderer Bereich, der Ihr Ich maßgeblich ausmacht, ist Ihre *Intuition* – Thema des zweiten Kapitels. Was ist die Intuition? Manche halten sie für einen sechsten Sinn, aber so weit muss man gar nicht gehen, um sie zu bewundern. Denn eins ist sicher: Dass die Intuition dem Verstand nicht selten haushoch überlegen ist. Auch dazu haben sich in den letzten Jahren so viele Befunde angehäuft, dass daran kein Zweifel mehr besteht. Das gilt nicht nur bei einfachen Entscheidungen, sondern gerade dann, wenn es komplex wird, wie etwa beim Kauf eines Autos oder einer Immobilie, und erst recht, wenn es um die Liebe geht. Wie lässt sich das erklären? Dass es hin und wieder nicht schaden kann, auf den Bauch zu hören, das wissen wir alle, aber *warum* ist der Bauch dem Kopf in gewissen Situationen überlegen? Bedeutet es, dass ich mich fortan nur noch spontan entscheiden soll? Wann sollte ich auf den Bauch hören und wann den Verstand einschalten? Um diese Fragen geht es im zweiten Kapitel.

Eine dritte Seite des Irrationalen ist das *Unbewusste*. Schon Sigmund Freud hatte dieses »innere Afrika«[15] mit seiner Psychoanalyse zu ergründen versucht. Und obwohl die Reise in diesem Buch teilweise das gleiche Ziel wie Freuds Entdeckungsreise hat, nämlich den dunklen Kontinent in uns zu erkunden, so sind die Mittel der Reise andere, was auch zu anderen, neuen Einsichten führt.

Freud hielt das Unbewusste mit seinen tierischen Trieben und verdrängten Traumata noch für etwas Gefährliches, Bedrohliches, Böses. Auch diese Sicht ändert sich zunehmend. Das Unbewusste ist, wie wir in Kapitel 2 sehen werden, kein

Feind, sondern ein Freund: ein mentaler Butler, ohne den wir im Alltag ganz schön aufgeschmissen wären. Das Unbewusste erledigt einen Großteil der Arbeit, die für unser Gehirn täglich anfällt, ohne dass wir auch nur das Geringste davon mitbekommen. Sekunde für Sekunde verarbeitet es Millionen von Einzelinformationen, mit denen unser bewusster Verstand schlichtweg überfordert wäre.

Doch das Unbewusste ist mehr als nur ein Butler. Wir *sind* unser Unbewusstes. Unser Ich ist in hohem Maße ein unbewusstes Ich, und auch wenn sich dieses Ich nicht artikulieren kann, zumindest nicht in rationaler Sprache, treiben uns, wie es Freud schon erkannt hatte, seine Bedürfnisse, Wünsche und Sehnsüchte doch an.

Ja, gerade unsere unbewussten Wünsche sind es, die uns zu der Person machen, die wir wirklich sind – im Gegensatz zu der, die wir *zu sein meinen.* Die unbewussten »Motive« in uns bestimmen unseren Charakter: Bin ich eher ein Do-it-yourself-Typ, ein Mensch, der beispielsweise dazu geschaffen ist, sein eigenes Geschäft zu gründen? Und / oder liegen meine Vorlieben und Stärken im zwischenmenschlichen Bereich? Darin, andere Menschen zu führen, zu überzeugen, zu begeistern?

Das mag sich vielleicht nach simplen Fragen anhören, die sich leicht beantworten lassen, und doch: Manche von uns verbringen ihr ganzes Leben damit, herauszufinden, was sie eigentlich wollen oder wofür sie »bestimmt« sind. Ist das nicht seltsam? Oft wissen wir selbst nicht, was am besten zu uns passt, etwa welches Studium oder welcher Job uns am besten liegen würde. Warum nicht? Weil große Teile unseres Ichs und viele unserer Wünsche im Unbewussten liegen.

Diesen Wünschen lässt sich mit dem üblichen Instrument der Persönlichkeitspsychologie, dem Fragebogen, nicht beikommen. Denn ein Fragebogen wendet sich nur an jene dünne, eher oberflächliche Schicht in uns: an unseren bewussten Verstand mit seiner rationalen Sprache. Um an unsere unbewussten Bedürfnisse heranzukommen, muss man schon etwas mehr Phantasie an den Tag legen. Das haben Psychologen getan. Sie haben Tests entwickelt, mit denen sich unsere unbewussten Wünsche an die Oberfläche des Bewusstseins bringen lassen. Ich habe einen dieser Tests in einem Labor in Ann Arbor, einer gemütlichen Studentenstadt in der Nähe von Detroit, gemacht. In Kapitel 3 können Sie sich auch testen – und so Ihr verborgenes Ich kennenlernen.

Das Ich erweitern

Die einzelnen Puzzlestücke, die derzeit in den Labors des Ich entdeckt werden, ergeben, zusammengefügt, eine neue Sicht auf uns selbst, eine neue Sicht auf unser Innerstes – was die eine oder andere Nebenwirkung nach sich ziehen könnte. Denn es ist eine Sache, wenn Physiker etwas Neues über das Universum herausfinden. Das ist spannend, keine Frage, und manchmal betrifft es auch unseren Stellenwert im All. Andererseits: Dem Kosmos da draußen kann es gestohlen bleiben, was wir über ihn herausfinden. Es kümmert ihn nicht. Kein Staubteilchen im Universum wird sich je auch nur einen Hauch anders verhalten oder fühlen, wenn wir eine neue Formel über das All aufstellen. Der Kosmos bleibt der Kosmos bleibt der Kosmos, egal, was ein zukünftiger Newton oder Einstein noch alles über ihn entdecken mag.

Mit dem Kosmos in Ihrem Kopf verhält es sich anders. Was immer Hirnforscher, Psychologen und Philosophen über uns entdecken oder für Theorien über uns aufstellen, *wirkt auf uns zurück*. Wir fangen an, uns anders zu sehen. Wir ändern uns, unsere Wertevorstellungen, unseren Erziehungsstil. Je mehr wir unser Menschenbild bereichern, desto mehr bereichern wir letztlich uns selbst, unser Ich.

So könnte das neue Bild vom Ich einen Weg zu etwas mehr Ganzheit und mehr Kreativität eröffnen. Fallgeschichten von Savants wie Nadia legen nahe, dass unser einseitiges Abheben auf Sprache und Verstand die Entfaltung anderer, beispielsweise malerischer oder musischer Fähigkeiten geradezu hemmt. Es ist nicht nur so, dass diese kreativen Kräfte in unseren Schulen, relativ zu den rationalen, kaum gefördert werden, nein, sie werden von der Ratio offenbar regelrecht verschüttet. Was bedeutet das für uns? Was verraten uns die Fähigkeiten autistischer Savants über unsere eigenen Fähigkeiten? Verfügen wir alle über diese außergewöhnlichen Talente? Und wenn ja, wie kommen wir an sie heran? Gibt es da vielleicht sanftere Methoden als Snyders Magnetstimulator?

Als Goethe 60 Jahre alt war, meinte er, er möchte nicht mehr reden, sondern fortan nur noch in Zeichnungen »sprechen«. Ist das ein möglicher Weg, ein »Ausweg«? Wie lassen sich die verborgenen Talente in uns entfalten, ohne dass wir unseren Verstand und unsere Sprache verlieren? Das sind Fragen, die in Kapitel 5, dem Sydney-Kapitel, auf uns zukommen, Fragen, auf die wir die Antworten größtenteils noch finden müssen.

Einstein behauptete: Die Sprache spiele für sein Denken überhaupt keine Rolle.[16] Stattdessen setzte er auf Intuition. »Alles, was wirklich zählt, ist Intuition«, sagte Einstein. »Der intuitive Geist ist ein heiliges Geschenk und der rationale Geist ein treuer Diener.« Und er kritisierte: »Wir haben eine Gesellschaft erschaffen, die den Diener ehrt und das Geschenk vergessen hat.«[17]

In diesem Buch geht es darum, das Geschenk wieder zu ehren. Nicht blind. Nur etwas mehr, als wir das gegenwärtig tun.

Einstein hatte recht: Kreatives Denken ist, wie wir in Kapitel 4 sehen werden, nicht das Resultat der Ratio. Die Ratio ist dazu da, unsere neuen Ideen und Gedanken zu *prüfen*. Die Ideen selbst aber kommen aus den irrationalen Regionen in uns, aus dem Unbewussten.

Und dass das Unbewusste tatsächlich denken kann, das ist sicher. In Amsterdam habe ich das Labor eines Forschers besucht, der kürzlich nachgewiesen hat, dass das Unbewusste zum Teil sogar *besser* denken kann als der bewusste Verstand. Das liegt vor allem daran, dass das Unbewusste, wie erwähnt, Millionen von »Bits« – den Basiseinheiten der Informationen –

pro Sekunde verarbeiten kann, während der bewusste Verstand nicht mehr als 50 Bits schafft. Gerade bei wichtigen, komplexen Entscheidungen sollten Sie also Ihr Unbewusstes zu Rate ziehen. Wie man das in die Praxis umsetzt, erfahren Sie im Verlauf unserer Reise (Kapitel 2).

Am Ende, wieder heil zu Hause angekommen, werden Sie sich selbst womöglich mit anderen Augen sehen. Das wäre viel. Vielleicht genießen Sie Ihren Verstand fortan mit etwas mehr Vorsicht, um stattdessen dem »Irrationalen« in Ihnen, das so irrational nicht ist, mehr Raum zu geben, sich zu entfalten. Sie müssen es ja nicht übertreiben.

Sie müssen ja nicht gleich nach Sydney fliegen.

1 Eine kurze Geschichte der Gefühle

Die Verwandlung des Herrn K.

Dies ist die Geschichte des Herrn K., eines geselligen, lebendigen Menschen; glaubt man einem seiner Zeitgenossen, war er »der galanteste Mann von der Welt«.[18] Aber das war lange vor K.s kühnem Selbstversuch.

Als K. 40 wurde, geriet er nämlich in eine Midlife-Crisis und fasste den Entschluss, sein Ich neu zu entwerfen, wie es ein Architekt am Reißbrett mit einem Stadtteil tut oder wie ein Informatiker am Computer eine Software umprogrammiert: Herr K., Version 2.0. Die Operation, ein Putsch der Vernunft gegen den Rest der Person, sollte Jahre dauern, doch schließlich gelang sie, und aus dem ehemaligen Hauslehrer und Bibliothekar wurde der vernünftigste Mensch auf Erden.

Kein Wort dieser Geschichte ist eine Erfindung.

Über K.s Kindheit ist nicht viel bekannt. Schon als kleiner Junge, so viel weiß man, war K. ein bisschen zerstreut. Einmal, auf dem Weg zur Schule, traf er auf ein paar Kameraden; sie fingen an zu spielen und K. legte irgendwo seine Bücher hin, die er dann völlig vergaß. Erst als er in der Klasse saß und aufgefordert wurde, seine Bücher aufzuschlagen, fiel ihm ein, dass er sie auf der Straße hatte liegen lassen – was natürlich eine saftige Strafe nach sich zog.

K.s Heimatstadt, eine aufblühende Hafenstadt, gehörte mit gut 4000 Häusern und 50 000 Einwohnern zu den größten deutschen Städten.[19] Hier wuchs er auf, K., hier ging er zur Uni. Als Student begab er sich gern in die populärsten Salons, spielte Billard und Karten.

Das alles ist aber nicht der Grund dafür, weshalb wir K. heute kennen – und fast jeder kennt ihn, zumindest dem Namen nach. K. ist einer der berühmtesten Deutschen, und es gibt kaum eine Universität, an der man seine Gedanken nicht lehren würde. Der Grund für diesen Weltruhm liegt einzig und allein in dem, was K. nach seinem 40. Lebensjahr vollbracht hat, nach seiner »Wiedergeburt«, wie er es selbst nannte.[20]

Den entscheidenden Anstoß zu seinem zweiten Leben gab die Bekanntschaft mit einem englischen Kaufmann namens Joseph Green, einem Junggesellen wie K. selbst. Green wurde K.s bester Freund. Es war eine Freundschaft, die, wie K. betonte, auf Grundsätzen und nicht auf Gefühlen beruhte.

Green war die Pedanterie in Person, die vollkommene Kontrolle des Verstandes über das Leben. K. war fasziniert.

Einmal hatten sich K. und Green am Morgen um acht zu einer Spazierfahrt aufs Land verabredet. Green pflegte in einer solchen Situation schon um viertel vor acht mit einer Uhr in der Hand in seiner Stube auf- und abzugehen. Um 7 Uhr 50 setzte er seinen Hut auf. Um 7 Uhr 55 nahm er seinen Stock und ging hinaus. Punkt acht öffnete er den Wagen und fuhr los. Unterwegs sah er K., der sich um mehrere Sekunden verspätet hatte. K., außer Atem, eilte ihm entgegen, machte heftige Zeichen, nun komm schon, Green, halt an, nimm mich mit! Aber einer Neigung nachgeben? Sich nicht an die getroffene Verabredung halten? Nein, das wäre ein Verstoß gegen Greens Maxime gewesen. Also fuhr Green an K. vorbei, grußlos, den Blick nach vorne gerichtet.

Zutiefst beeindruckt, fasste K. den Entschluss, sein zukünftiges Leben Maximen unterzuordnen. Wahre Tugend beruht auf Regeln, sagte er sich, nicht auf Gefühlen!

K. schätzte seinen Körper nicht gerade. Er war klein, 1 Meter 57, die rechte Schulter deutlich höher als die linke. Eine gebrechliche Gestalt, schmächtig, mager, ja, seine Knochen waren, wie es sein Freund Reinhold Bernhard Jachmann geschildert hat, »mit so wenig Fleisch bedeckt, dass er seine Kleider nur durch künstliche Mittel halten konnte«.[21]

Das Fleisch, dieser Fluch.

K. war hypochondrisch und allergisch, schon eine frischge-druckte Zeitung rief ein Niesen hervor. K. verachtete seinen schwächlichen Körper und dessen unkontrollierbare Launen.

Er würde mit seinem Willen jede dieser Launen überwin-den.

»Als Menschen leben wir nach der Vernunft, demnach sol-len wir durch die Maximen der Vernunft die Triebfeder der Tierheit einzuschränken und keine Neigung ausarten zu las-sen, suchen.«[22] Also sprach K. und machte sich daran, die Operation Wiedergeburt in die Tat umzusetzen. »Die Tage des Strudels der gesellschaftlichen Zerstreuungen gingen zu Ende – nicht mit einem Mal, sondern langsam: Maxime für Ma-xime«, formuliert es der Beste seiner Biographen.[23] K. schrieb sein Ich mit Hilfe seines Verstands und seiner Vernunft neu. Launen wurden durch Regeln ersetzt, Neigungen durch Maxi-men.

K. wurde Professor für Logik und Metaphysik. In jüngeren Jahren hatte K. schon mal verschlafen. Jetzt sollte ihn sein Die-ner, der ehemalige Soldat Martin Lampe, jeden Tag, egal ob Winter oder Sommer und egal, wie müde K. noch sein mochte, Punkt fünf mit den Worten wecken: »Es ist Zeit!«

K. liebte Kaffee. Da er aber dieser Neigung nicht nachgeben wollte, trank er nach dem Aufstehen schnell zwei Tassen dün-nen Tee und rauchte eine Pfeife. Ihm war natürlich klar, dass Tabak süchtig macht, und so setzte er sich die Maxime, täglich nicht mehr als eine Pfeife zu rauchen. Da aber K.s körperliche Bedürfnisse größer waren als seine geistige Maxime erlaubte, ließ er, um sowohl den Bedürfnissen als auch der Maxime ge-recht zu werden, die Pfeifenköpfe von Jahr zu Jahr größer wer-den.

K. hatte als Hauslehrer auch mal längere Zeit seine Heimat-stadt verlassen – damit war es jetzt vorbei. Keine Reisen mehr. Dafür las er Reisebücher wie ein Besessener.

Früher war K. gern ins Theater oder Konzert gegangen, hatte die Musik gemocht – nun verachtete er sie, weil sie ja etwas sei, »wobei man bloß empfinden könne«.[24] Die Theaterbesuche wurden erst seltener, dann hörten sie ganz auf.

K. ließ das Kartenspielen sein, seinem Freund Green zuliebe, einem Menschen, der gegen jede Zerstreuung und Ästhetik immun war. Poesie zum Beispiel konnte Green nur anhand des Druckbilds von Prosa unterscheiden und Musik klang in seinen Ohren wie jedes andere Geräusch auch.

So verwandelte sich K. allmählich zum Menschen der reinen Theorie. Er, der fast nichts von der Welt gesehen hatte, unterrichtete besonders gern Geographie – die Vorlesung gehörte zu seinen beliebtesten überhaupt. Einmal schilderte K. in Gegenwart eines gebürtigen Londoners die Westminster Bridge so detailliert, dass sich der verblüffte Engländer schon danach erkundigte, wie viele Jahre K. denn in London gelebt und ob er etwa Architektur studiert habe. Ein anderes Mal belehrte er beim Mittagessen einen Grafen aus der Steiermark darüber, was für Federvieh man in der Steiermark antrifft, wie die Steiermark so aussieht und auf welcher Stufe der Aufklärung der katholische Geistliche dort stehe. »Über alle diese Dinge widersprach er mir«, erinnerte sich der Graf irritiert.[25]

Reisen, rausgehen und die Welt mit allen Sinnen wahrnehmen, sie erfahren – das ist nichts. Körper ist nichts. Empfindungen sind nichts. Vernunft! Vernunft! Vernunft! Sich die Welt mit der Vernunft aneignen, das ist alles. Die Welt *geistig* erobern, sie *geistig bezwingen*, auch die Welt des Körpers.

Bei seinem Rückzug in die Vernunft und in den Geist klammerte K. nach und nach alles aus, was nicht Vernunft und nicht Geist war, und nahm schließlich Vernunft und Geist fürs Ganze.

Irgendwann hatte K. seinen Körper und dessen Grillen dermaßen im Griff, dass es ihm sogar gelang, seinen Durst geistig zu löschen. Wenn er im Bett lag und ihn der Durst überkam, brauchte K. nicht mehr wie früher und wie alle anderen Menschen aufzustehen, um sich im Finstern ein Wasser zu holen. Nein, er tat einfach Folgendes: Er nahm ein paar starke Atemzüge und trank »gleichsam Luft durch die Nase«, wodurch der

Durst in wenigen Sekunden »völlig gelöscht« war, erklärt K. in seinem Werk *Von der Macht des Gemüts durch den bloßen Vorsatz seiner krankhaften Gefühle Meister zu sein.* Der Durst war ihm letztlich auch nur »ein krankhafter Reiz«, der durch einen »Gegenreiz« im Handumdrehen ausgemerzt werden konnte.

Die Unterdrückung des Körpers durch den Geist ging so weit, schließlich nahm K. seinen Körper nur noch schemenhaft wahr, als Fremden, einen Fremdkörper.

So kam es auch, dass K. zunächst nicht bemerkte, dass er auf seinem linken Auge blind geworden war. Erst als er sich eines Tages auf einer Bank von einem Spaziergang ausruhte und beim Zeitunglesen einen kleinen Versuch startete, um herauszufinden, mit welchem Auge er wohl besser sehen könne, stellte er überrascht, aber nicht weiter beunruhigt fest, dass er mit seinem linken Auge nichts mehr sah.

Er hakte es ab.

K. ging nicht schlafen, wenn er müde war, sondern um zehn. Er aß nicht, wenn er Hunger hatte, sondern um eins. Er ging nicht spazieren, wenn er gerade Lust dazu verspürte, sondern abends um sieben.

Richtig unangenehm wurde es ihm, auf seinem Spaziergang einem Bekannten zu begegnen, bestand nun doch die Gefahr, dass er seinen gewohnten Schritt beschleunigen musste und ins Schwitzen geriet. K. hasste Schweiß. Aber K. wäre nicht K. gewesen, wenn er nicht auch diese letzte Laune seines Körpers in den Griff bekommen hätte: »Weder in der Nacht«, beobachtete Andreas Christoph Wasianski, der K. in seinen späten Jahren begleitet und gepflegt hat, »noch bei Tage transpirierte K.«[26]

Die eiserne Disziplin zahlte sich aus. Zehn Jahre dachte K. nach. Dann brachte er seine Gedanken zu Papier: Er schrieb *Die Kritik der reinen Vernunft.*

Die Werke sprudelten jetzt nur so aus K.s Geist heraus. Er war ja auch nur noch Geist – und damit frei. K. befasste sich mit dem Problem der Moral und schrieb: Frei bist du, wenn du deiner Vernunft und nicht deinen Gefühlen folgst. Jede Tat, die auf »Neigungen« beruht, kann keine gute, kann keine moralische Tat sein. Ein frecher Zeitgenosse, ein Dummkopf, ein gewisser Schiller, hat sich über diese Maxime lustig gemacht:

Gern dien ich den Freunden, doch tu ich es leider mit Neigung,
Und so wurmt es mir oft, dass ich nicht tugendhaft bin. [27]

K. hingegen meinte: »Es ist eher zu ertragen, dass jemand böse in Grundsätzen ist, als im Guten inkonsequent.« [28]

K. wurde langsam berühmt und alt, er ging schon auf die 80 zu, er wurde schwach. Auch sein Diener Lampe wurde alt und schwach, und als dieser sich immer mehr dem Suff hingab, schmiss K. den armen Kerl, mit dem er 40 Jahre lang zusammengelebt hatte, kurzerhand raus und kritzelte in sein Notizbuch: »Der Name Lampe muss nun völlig vergessen werden.« [29]

K.s Tage waren gezählt. Er hatte sein Werk abgeschlossen. Er hatte seinen Selbstversuch vollendet. Vieles, was einmal in ihm gelebt hatte, war nun tot, von irgendeiner Regel abgetötet, abgeregelt. »In jüngern Jahren scheint K. sich eben nicht an eine feste [...] Regel gebunden, sondern vieles auch bloß des Vergnügens wegen getan zu haben«, schreibt Jachmann, sein Freund und Biograph. [30] Damit, mit seinem ersten Leben, seinem lebendigen Leben, hatte K. Schluss gemacht.

Mit welchem Resultat? Wie lautet die Bilanz seines Selbstversuchs? Hat ihm sein Rückzug in die reine Vernunft Glück gebracht? Einigen Außenstehenden, die ihn bewunderten, mag es so erschienen sein. Er selbst sah es nicht so. Im Gegenteil, seinen Freunden gegenüber klagte er: Mein Leben von Anfang an noch einmal so leben zu müssen, wie ich es gelebt habe, das möchte ich um keinen Preis! Nacht für Nacht legte der alte K. sich hin, wickelte sich in seine Decke wie eine Mumie und schlief ein in der Hoffnung, am nächsten Morgen nicht mehr aufzuwachen.

Und dann, in seinem letzten Lebensjahr, sehnte er sich plötzlich nach Reisen. Nach weiten Reisen. Als ihm sein

Freund Wasianski ein Landhäuschen vorschlug, antwortete K. begeistert: »Gut, wenn es nur weit ist.«[31]

Und Kaffee verlangte er. Kaffee!, schrie er. Kaffee!! Und drehte fast durch, wenn dieser nicht auf der Stelle gebracht wurde. »Pfeilschnell eilte der Bediente, den Kaffee in das schon kochende Wasser zu schütten, ihn aufsieden zu lassen und heraufzubringen; doch währte ihm diese kurze, dazu erforderliche Zeit unausstehlich lange.«[32]

Das Ende vor Augen, liebte er auch die Musik wieder, und wenn nur eine ordinäre Parade an seinem Haus vorbeizog, ließ er die Türen öffnen und lauschte voller Hingabe.

Aber K.s Uhr war abgelaufen. Die Verwandlung ließ sich nicht mehr rückgängig machen. Am 12. Februar 1804, um 11 Uhr vormittags, starb K. »Es ist gut« sollen seine letzten Worte gewesen sein.

In einer neuen Biographie heißt es über K.: »Solange er zurückdenken konnte, ist Kant nie ganz frei von einem leichten Schmerz gewesen. Es war ein Drücken unter der Brust, das ihn nie verlassen hat. Das war aber auch das einzige Übel, über das er sich ab und zu beschwerte und wogegen er sich von Dr. Trummer, seinem alten Schulfreund, Pillen geben ließ. Er führte es auf seine flache und enge Brust zurück, die für die Bewegung des Herzens und der Lunge zu wenig Spielraum ließ.«[33]

Die alten Athener entdecken das Ich

»Kant gehörte zu den Menschen, die keiner Erziehung fähig, aber auch keiner bedürftig sind«, schrieb sein Freund Jachmann. »Er ward alles durch sich selbst.«[34] Ja? Ward er das?

Nicht wirklich. Die Operation Wiedergeburt, die Immanuel Kant, Deutschlands bedeutendster Philosoph, in seinem Kopf vollzog, die in seinem Kopf kulminierte, diese Operation lief lange vor Kant an. Selbst Kant ward nicht alles durch sich selbst.

Nein, die Geschichte des Herrn K. ist Teil einer größeren Geschichte, deren Wurzeln weit zurückreichen. Sie führen zur Wiege unserer Kultur, in die Antike, genauer gesagt: nach Athen. Hier nahm die Wiedergeburt des Menschen unter der Herrschaft der Vernunft ihren Anfang, und was damals geschah, hat nicht nur Kants Leben beeinflusst, sondern uns alle.

An dieser Stelle muss ich Sie um etwas bitten. Ich bin mir nicht ganz sicher, ob es Ihnen gefallen wird, aber ich riskiere es trotzdem, denn nur so werden Sie die Revolution, um die es hier geht, richtig zu würdigen wissen. Also hier meine Bitte: Sie müssen sich für einen Moment in die Psyche eines alten Griechen hineinversetzen.

Noch da? Gut. Ich glaube, damit wären wir unter uns.

Wir befinden uns, zusammen mit rund 300 000 weiteren Einwohnern, im Athen des fünften Jahrhunderts vor Christi Geburt. Damit Sie auch ein bisschen Gefallen an Ihrer neuen Identität finden, stellen Sie sich einfach vor, dass Sie nicht zu den 100 000 Sklaven gehören, die damals in Athen lebten.[35] Als Athener Bürger fand man nichts dabei, sich einen oder zwei oder auch noch mehr Sklaven zu halten. Also gönnen Sie sich ruhig zwei Stück! Während Ihre Sklaven die Arbeit erledigen, können Sie in die Stadt gehen, zum Shopping oder auf einen der Sportplätze, um ein wenig Gymnastik zu treiben.

Und so, durch die Straßen schlendernd, über die Märkte, vorbei an den Säulenhallen und den Statuen, finden Sie sich plötzlich auf einem Hügel im Herzen der Stadt wieder, auf der Akropolis. Sie gehen noch ein paar Schritte, lassen Ihren Blick schweifen und sehen ...

... wow. Selbstverständlich ist Ihnen klar, was Sie da vor Augen haben. Es ist der schönste Tempel, der je gebaut wurde: *Der Parthenon.* Der Giebel ist bunt bemalt und mit marmornen Skulpturen dekoriert, die Zeus und die Geburt der Athene zeigen.[36]

Beim Zeus, denken Sie und geraten in eine erhabene Stimmung, *was für ein herrlicher Tempel! Noch in 2500 Jahren wird man ihn bewundern und Barbaren werden ihn in komischen Büchern abbilden! Hier ehrt man Athene, die Schutzgöttin der Stadt, Göttin der Weisheit. Wenn ich nicht weiter weiß, kommt sie und schenkt mir einen Einfall. Und dahinter, der Himmel, das ist das Reich von Zeus, dem mächtigsten aller Götter, dem Gott des Blitzes, dem Gott des Wetters. Ob man in 2500 Jahren noch weiß, wie Athene geboren wurde? Dass Zeus eines Tages solch quälende Kopfschmerzen hatte, dass ihm sein Sohn Hephaistos das Haupt zerschmetterte – und daraus die weise Athene entsprang...*

Wie auch immer sich die Welt des antiken Griechen genau angefühlt hat, es muss eine andere Welt gewesen sein. Eine Welt, die von Göttern nur so wimmelte. Sie waren überall. Sie waren real. Sie waren absolut. Ein Grieche der Antike wäre nie auf den Gedanken gekommen, andere Völker könnten andere Götter anbeten als Zeus, Athene & Co.

Nun gut, bis hierher lässt sich das alles ja noch einigermaßen nachvollziehen. Wäre da nicht noch etwas. Etwas, das uns an die Grenzen unserer Vorstellungskraft führt. Es ist eine Sache, die, während Sie eben im alten Athen herumschlenderten, gerade im Begriff war, sich zu ändern. Lange Zeit nämlich war in den Augen der Griechen nicht nur die *äußere* Wirklichkeit, also die Natur, von Göttern bestimmt, sondern auch die *innere* Wirklichkeit, die Psyche des Menschen.

Bis in die Antike hinein fühlten sich die Menschen nicht als Täter ihrer Taten, ja nicht einmal als Urheber ihrer Gedanken, sondern als Marionetten der Götter.[37] Überall zogen die Götter die Fäden, beim Blitz am Himmel ebenso wie beim Gedankenblitz im Kopf. Das hört sich im ersten Moment vielleicht etwas merkwürdig an, weil wir heute so anders denken und fühlen.

Und doch spricht Vieles dafür, dass wir Menschen nicht immer so gedacht und gefühlt haben.

Zum Glück gibt es ein kleines Fenster, ein Guckloch eher, das uns eine Sicht auf diese fremde Vergangenheit eröffnet. Eine einmalige Quelle, die es uns möglich macht, einen Blick in die Psyche von damals zu werfen. Genau genommen sind es zwei Quellen: die *Ilias* und die *Odyssee* – die ältesten Erzählungen der Weltliteratur von dem griechischen Dichter Homer.

Homer lebte im achten Jahrhundert v. Chr., und wer seine alten Sagen liest, dem wird früher oder später etwas Sonderbares auffallen: Homers Helden handeln nicht selbst, sie »werden« gehandelt. Sie planen nicht, sondern folgen den Plänen der Götter. Jede neue Wendung in der Geschichte der *Ilias* wird von einem Gott bestimmt.

Gleich am Anfang der *Ilias* kommt es zum Streit zwischen Agamemnon, dem Oberbefehlshaber der Griechen im Kampf gegen Troja, und Achilles, dem Halbgott und zweifellos besten aller griechischen Krieger. Achilles greift schon zu seinem Schwert, als ihm – und nur ihm! – Athene erscheint, die ihn zurückhält und ermahnt, seinem Zorn nicht nachzugeben: »lass fahren den Streit«, spricht sie zu Achilles, »und zücke das Schwert nicht«.[38] Achilles folgt dem Rat der Göttin und steckt sein Schwert zurück.

So geht das durch die ganze Geschichte. Hinter jeder Tat steckt ein Gott. Doch nicht nur in die Handlungen der Helden greifen die Götter ein, sondern auch in ihre *Gedanken*: Wenn die Helden Homers einen Einfall haben, sind das nicht *ihre* Einfälle, sondern *Athene gibt ihnen eine Eingebung*.

Nun könnte man meinen: »eine Eingebung der Athene« – das sollte man nicht so wörtlich nehmen, das haben die damals nicht so ernst gemeint! Viele Forscher jedoch, Philologen ebenso wie Psychologen, sind da inzwischen anderer Auffassung: Die alten Griechen, sagen sie, empfanden die Götterwelt nicht nur als nette Bilderwelt, sondern als vollkommen real.[39]

Wie muss man sich das vorstellen? Wie fühlt es sich an, ein von Göttern gesteuerter, ein »homerischer Mensch« zu sein?

Vermutlich konnte der homerische Mensch denken und fühlen wie unsereins auch, die Gedanken und Gefühle waren für ihn jedoch etwas, das von *außen* gesteuert wurde, ähnlich vielleicht wie das heute noch bei schizophrenen Menschen der Fall ist, die das Gefühl haben, sie würden von fremden Mächten kontrolliert, und Stimmen hören, die ihnen »ihre« Taten befehlen.[40]

Dann, im Laufe der Jahrhunderte, änderte sich etwas: *Die Psyche des Menschen verlagerte sich zunehmend von außen nach innen.* Schon beim Übergang von der *Ilias* zur *Odyssee* bahnt sich dieser Prozess an. Die Helden der *Odyssee* werden zwar nach wie vor von Göttern gelenkt, die Götter sind aber bereits weniger einflussreich geworden und beschäftigen sich mehr mit sich selbst als mit den Menschen. »Die Götter haben gegenüber früher nicht mehr so viel zu tun, und gleichsam wie pensionierte Gespenster reden sie jetzt mehr miteinander«, beschreibt der Psychologe Julian Jaynes von der University of Princeton diesen Wandel in seinem Buch *Der Ursprung des Bewusstseins.*[41] Jaynes glaubte sogar, der Mensch wäre erst um diese Zeit herum zu Bewusstsein »erwacht« – seiner Meinung nach hätte er bis dahin nicht mehr erlebt als ein Tisch![42]

Das klingt natürlich provozierend, vielleicht auch lustig, ist aber, wie ich meine, Unsinn. Der Psychologe Jaynes hat die Sache übertrieben. Viel plausibler erscheint es mir, dass der antike Mensch die Wirklichkeit durchaus bewusst erlebte, so wie viele Tiere die Welt ebenfalls bewusst erleben, wenn auch anders als wir. Ich glaube also, dass die Menschen vor 2500 oder auch 3000 Jahren schon ein bisschen mehr gespürt haben als ein Durchschnittstisch, nämlich so ziemlich all das, was wir heute auch spüren. Der Unterschied ist nur: Damals hatte man nicht das Gefühl, als ein autonomes Ich zu handeln, sondern von außen, von externen Mächten, von Göttern gelenkt zu werden. Es ist nicht so, dass der Mensch erst vor 2500 Jahren zu Bewusstsein kam, vielmehr *vertrieb er die Götter um diese Zeit aus seinem längst vorhandenen Bewusstsein.*

Um das fünfte und sechste Jahrhundert vor Christus erreichten die Götterdämmerung und die damit einhergehende Morgenröte des Ichs im alten Athen ihren Höhepunkt.

Nach und nach wurden immer mehr Menschen von dem neuen Ichgefühl angesteckt. Evolutionspsychologen würden sagen: Ein neuer Satz von »Memen« tauchte auf, der sich von Kopf zu Kopf verbreitete, die »Ich-Meme« vermehrten sich. Als »Meme« bezeichnet man – in Anlehnung an den Begriff »Gene« – Gedanken, Ideen, Vorstellungen, die sich in unsere Gehirne nisten. Wie die Gene, so können sich auch »Meme« kopieren und fortpflanzen, jedoch nicht in Form von DNA, sondern in Form von Hirnmustern in unseren Köpfen. Meme sind, wenn man so will, Kulturgene, Gene des Geistes.[43]

Auch wenn Altertumsforscher noch darüber rätseln, was die genauen Auslöser für diese Revolution im Kopf waren, sicher ist: Der Zweifel an die Macht der Götter erfasste die gesamte griechische Kultur. Naturphilosophen wie Thales suchten in der Natur nicht mehr nach Göttern, sondern nach natürlichen Erklärungen. Tragödiendichter wie Aischylos schrieben Stücke, in denen der Mensch auf sich selbst gestellt wurde. In dieser Zeit wurde der Mensch vom Opfer zum Täter.

Was mit einer großen Verunsicherung einherging. Denn wenn ich anfange, »ich« zu sagen und zum Urheber meiner Taten werde, wirft das Fragen auf, die sich vorher nicht gestellt haben, Fragen wie: Was treibt mich zu meinen Taten? Und: Handle ich überhaupt richtig? Wenn die Stimmen der Götter verstummt sind, auf welche Stimme in mir soll ich dann hören?

Wie Sokrates uns zur Vernunft brachte

Der Boden bebte also, als 469 Jahre v. Chr., in einem Vorort von Athen, ein Mensch geboren wurde, dem Sie, wären Sie nur etwas länger in der Stadt geblieben, unweigerlich begegnet wären. Vielleicht hätte er Ihnen sogar einen Stock vor die Füße gestellt, damit Sie auch ja auf ihn aufmerksam geworden wären.

Sie wären ihm nicht entkommen, keiner entkam ihm.

Es war ein höchst sonderbares, irritierendes Geschöpf: klein, bärtig, mit Boxernase und breiten Lippen. Immer ging es barfuß herum, immer hatte es den gleichen zerlumpten Mantel um den Körper geschwungen. Sein Name: Sokrates.

Kein Wunder also, dass er auffiel, dieser Sokrates, wenn er sich in der Stadt herumtrieb, und das tat er, sehr zum Leidwesen seiner Ehefrau Xanthippe, den lieben langen Tag. Aber nicht nur wegen seines Aussehens fiel er auf, sondern vor allem, weil er jeden, der ihm über den Weg lief, egal ob Feldherr oder Schuster, ob Staatsmann oder Eseltreiber, anquatschte und mit bohrenden Fragen in die Mangel nahm.

Kam zum Beispiel ein argloser Feldherr vorbei, der etwas von Tapferkeit erzählte, fragte Sokrates sogleich, was er mit Tapferkeit meine und ob er das mal genauer erklären könne. Das hörte sich so an:

SOKRATES: Also versuche nun, wie ich sage, zu beschreiben, was die Tapferkeit ist.

FELDHERR: Dieses, o Sokrates, ist beim Zeus nicht schwer zu sagen. Denn wenn jemand pflegt in Reih und Glied standhaltend die Feinde abzuwehren und nicht zu fliehn, so wisse, dass ein solcher tapfer ist.[44]

Sokrates, schlagfertig wie kaum ein anderer vor und nach ihm, hielt dem Feldherrn entgegen, dass die Griechen in der Schlacht von Plataiai im Jahr 479 zunächst, als sie auf die Schildträger stießen, vor den Persern zurückgewichen waren, statt in Reih und Glied standzuhalten. Als sich dann die Reihen der Perser trennten, schlugen die griechischen Krieger zu und besiegten ihre Feinde. Müsse man die Griechen nun feige nennen? War ihr Zurückweichen nicht vielmehr weise? Und hatten sich die griechischen Krieger nicht doch als tapfer herausgestellt?

Der Feldherr, von Sokrates verunsichert, geriet ins Grübeln, suchte nach besseren, allgemein gültigeren Definitionen der Tapferkeit, nur um sich jedes Mal von Sokrates vorführen zu lassen, dass alle seine Versuche zu kurz griffen. Mit anderen Worten: Der Feldherr, der so vollmundig von der Tapferkeit sprach, wusste im Grunde nicht, *wovon* er da sprach.

So tat es Sokrates mit allem und jedem. Wir alle, meinte er, wüssten nicht, wovon wir reden. Wir plapperten daher, erklärten uns die Welt mit unseren Göttern, ohne nachzufragen, ob die Erklärungen stimmen.

Und so wie wir daherplapperten, so lebten wir auch: ungeprüft, unreflektiert. Keiner, der mal nachfragen würde, ob die Art und Weise, wie wir leben, auch richtig ist.

Keiner, außer Sokrates und seine Jünger natürlich. *Sokrates machte Schluss mit dem unreflektierten Leben.* Und wenn Sie ihm begegnet wären und er auch Sie gefragt hätte, nach der Tapferkeit und der Tugend und dem Glück, und das hätte er garantiert, und Sie ihm ins Gesicht gesagt hätten:

Du Sokrates, weißt du, es tut mir leid, aber ich denke einfach nicht ständig über das nach, was ich sage und tue, ich tue es einfach. Und ehrlich gesagt, ich wüsste auch nicht, wie sich die Tapferkeit hieb- und stichfest definieren ließe, so wie sich das Leben nicht definieren lässt. Aber weißt du, ich glaube, ein Feldherr, der die Tapferkeit nicht zu definieren weiß, kann trotzdem ein tapferer Mann sein – so wie man ein gutes Leben führen kann, ohne das Leben *definieren* zu können. Der Feldherr hat vielleicht eine *Ahnung* davon, was es heißt, tapfer zu sein, er *spürt* es, und auch wenn er dieses Gefühl nicht in Worte fassen kann, so ist es vielleicht, beim Zeus, mehr wert als jede Definition ...

Wenn Sie es also gewagt hätten, so zu sprechen, da hätte Ihnen Sokrates aber ordentlich die Leviten gelesen!

Sokrates, guter, kluger, verhängnisvoller Sokrates. Was hast du nur mit den armen Griechen gemacht! Ich stelle es mir weiß Gott nicht angenehm vor. Ich kann ihren Hass auf dich verstehen. Angeschlagen von den neuen Memen, mit denen sie sich infiziert hatten, musstest du noch eins draufsetzen und alles, was sie sagten, in Frage stellen und vor den Richterstuhl der Ratio zerren. Nichts war mehr sicher. Nichts war mehr gewiss.

Sokrates riss den Menschen den Boden unter den Füßen weg.

Doch er gab ihnen zugleich etwas zurück. Mit dem Zweifel, den er in die Köpfe der Menschen säte, verabreichte er auch gleich die Medizin gegen den Zweifel. Er verriet den Leuten, womit sich die Fragen, die er aufwarf, beantworten ließen. Er verriet ihnen das Heilmittel, mit dem sie wieder festen Boden unter sich bekommen würden. Was das für ein Heilmittel war? Es war genau das, womit er den Zweifel gesät, die Fragen aufgeworfen hatte: *die Vernunft.*

Die Weisheitsformel

> *Der einzige Gedanke, den die Philosophie mitbringt, ist aber der einfache Gedanke der Vernunft, dass die Vernunft die Welt beherrsche.*
> Hegel, *Vorlesungen über die Philosophie der Geschichte*

Im Jahr 399 vor Christi Geburt wurde Sokrates zum Tode verurteilt. Man warf ihm vor, er würde die Götter nicht anerkennen und der Jugend Athens die Köpfe verderben. Manche sagen: Man wollte die Nervensäge einfach loswerden.

Sokrates, der leicht hätte fliehen können, ist nie von seinem Standpunkt abgewichen und schluckte den Becher mit Gift, den man ihm in die Hand drückte, ohne jedes Zittern, ohne jedes Anzeichen von Angst.[45]

Sokrates starb – seine Meme aber lebten weiter, griffen um sich wie Grippeviren. *Das Projekt Wiedergeburt des Menschen unter der Herrschaft der Vernunft war angelaufen.*

Dass Sokrates selbst eine widersprüchliche Figur war und nicht *nur* die Ratio, sondern auch das Irrationale – das »Daimonion«, wie er es nannte – verehrt hatte, trat nach und nach in den Hintergrund.

Platon, Sokrates' berühmtester Schüler, war 29, als er mit ansehen musste, wie sein großer Lehrer den Schierlingsbecher trank. Platon hatte eigentlich Tragödiendichter werden wollen. Sokrates aber hatte ihm die Dichtermeme aus dem Kopf getrieben. Platon kam zur Vernunft: Er wurde Philosoph. Im ganzen vierten Jahrhundert, das jetzt anbrach, herrschten in Griechenland nicht mehr die Dichtung, sondern die Prosa und die Philosophie.[46]

Sokrates und die Seinen hatten Nüchternheit über die Menschen gebracht. Der Mensch, der sich die Welt mit Mythen erklärt, der schwärmerische und von Göttern gelenkte Mensch wurde verdrängt von etwas Neuem, »Besserem«. Mit Sokrates & Co. entstand der wissenschaftliche Mensch, der sein Schicksal selbst steuert, der den Sachen auf den Grund geht und zwar mit der Vernunft.

Die restliche Geschichte der Philosophie liest sich im Großen und Ganzen wie ein Feldzug für die Vernunft, gegen alles, was nicht Vernunft ist. Besonders auf den ultimativen Feind der Vernunft hatte man es dabei abgesehen: die Gefühle.

Platon ging schon gleich hart mit ihnen ins Gericht. Gefühle, lehrte Platon, lenken auf dem Weg zur Wahrheit nur ab. Angst zum Beispiel erschien ihm als dummer Ratgeber, Kummer als Verscheucher des Guten und Lust schließlich, die war ihm der größte »Köder des Schlechten« überhaupt.[47]

Platons Schüler Aristoteles teilte die menschliche Psyche ein in Vernunft auf der einen und Gefühle auf der anderen Seite, wobei ihm die Vernunft das Höhere war. Gefühle erschienen ihm dagegen als primitiv, dumm, bestialisch, unzuverlässig und gefährlich – ein Argument, das Aristoteles auch gleich dazu nutzte, die Sklaverei zu rechtfertigen. Für Aristoteles war klar, was den Menschen zum Menschen macht: die Vernunft. Aristoteles war es, der uns als *animal rationale* definierte; spezifisch menschliche Gefühle wurden damit für Aristoteles schon rein begrifflich unmöglich.[48]

»Bei allen sonstigen Unterschieden charakterisieren Platon und Aristoteles den Menschen gemeinsam als Verstandeswesen, das mit ablenkenden Gefühlen zu kämpfen hat und diese für ein gelingendes Leben in den Griff bekommen muss«, fasst der Rostocker Philosophie-Professor Heiner Hastedt in seinem kürzlich erschienenen Buch *Gefühle* zusammen. »In dieser Kernaussage haben beide in Antike, Mittelalter und Neuzeit viele Nachfolger gefunden – so auch in Immanuel Kant, dem bedeutendsten deutschen Philosophen der Neuzeit.«

Ein gelingendes Leben, das ist das Stichwort. Philosophie ist ja, wie der Name schon sagt, nie nur eine Suche nach Wahrheit, sondern auch nach Weisheit gewesen. Bei ihrer Suche nach Erkenntnis ging es den Philosophen immer auch um die Suche nach dem »gelingenden Leben«, nach der »Glücksformel«. Und sie fanden das Glück in der Vernunft. Von Sokrates bis Kant sieht die Formel für ein gelingendes Leben so aus:

$$Vernunft = Tugend = Glück\,[49]$$

Folge deiner Vernunft, dann tust du das Richtige im Leben und du wirst glücklich! *Das ist der rote Faden, der von Athen bis nach Königsberg, Kants Heimatstadt, führt.*

Kant war von Sokrates schwer beeindruckt. Noch mehr beeindruckt aber hatte ihn jene Gruppe antiker Philosophen, die sich die »Stoiker« nannten, nach der bekanntesten Säulenhalle Athens, der Stoa poikile – einem schönen schattigen Plätzchen, wo sich die alten Denker versammelten.

Niemand hat die Gefühle mehr verachtet als die Stoiker. Für sie waren Gefühle oder »Pathos«, wie die Griechen sagten, eine Verirrung, ein Denkfehler, eine Krankheit (von »Pathos« zur »Pathologie«, also der Lehre von den Krankheiten, ist der Weg nicht weit). Dagegen priesen sie die »Apathie des Weisen«: In den Augen der Stoiker war der Weise ohne Affekt.

Der römische Stoiker Seneca hielt die Leidenschaften gar für »böse Geschwüre«. Gefühle wie Lust waren ihm etwas »Niedriges, Sklavisches, Schwächliches, Vergängliches, fest beheimatet in Bordellen und Schenken«, der direkte Weg ins Verderben und Unglück. »Ein wirklich glücklicher Mensch«, brachte Seneca die Philosophie der Stoiker auf den Punkt, »ist ein Mensch, dessen gesamten Lebensstil die Vernunft bestimmt.«[50]

Dazu muss man wissen: Seneca lebte im Rom des ersten Jahrhunderts, zurzeit des durchgeknallten Kaisers Nero; ja, er war sogar dessen Erzieher. Nero streifte nachts durch die Straßen Roms, »als gewöhnlicher Bürger verkleidet [...] und schnitt in Seitengassen Passanten die Kehle durch«, wie es der Londoner Autor und Philosoph Alain de Botton in seinem Buch *Trost der Philosophie* formuliert. In seinen Gemächern vernaschte Nero Jungfrauen, die man ihm zuvor entführt hatte, und als er sich eines Tages in einen jungen Mann verliebte, den er sich doch lieber als Mädchen wünschte, ließ er den Knaben kurzerhand kastrieren und äffte mit ihm eine Hochzeitszeremonie nach.

Als in der Nacht vom 18. zum 19. Juli des Jahres 64 in Rom ein Brand ausbrach, der neun Tage lang wütete und die Hälfte der Stadt in Schutt und Asche legte, kursierte das – falsche – Gerücht, Nero selbst habe den Brand gelegt, um sich Platz zu schaffen für einen gigantischen Palast. Um diesen Gerüchten zuvorzukommen, schob Nero seinerseits den Mitgliedern der christlichen Gemeinde Roms die Schuld in die Schuhe und ließ, wie es heißt, eine »ungeheuere Menge« von ihnen in Tierfelle nähen und von Hunden zerfleischen oder ans Kreuz schlagen und nach Sonnenuntergang als Fackeln verbrennen.

Seneca litt immer mehr unter dem Psychopathen Nero und lebte irgendwann in ständiger Angst. Und das nicht ohne Grund: Nachdem Nero schon seine Mutter, seine Ehefrau und womöglich auch seinen Stiefbruder ermordet sowie eine Handvoll Senatoren den Krokodilen und Löwen zum Fraß vorgeworfen hatte, befahl er Seneca in einem Anfall von Paranoia den Selbstmord. Dem Philosophen blieb nichts anderes übrig, als sich dem Befehl zu beugen. Seneca starb wie sein

Vorbild Sokrates, nur dass der Schierling bei ihm nicht wirkte und er sich auch noch die Adern aufschneiden musste.[51]

In diesem nicht gerade rationalen Milieu ist es nur allzu verständlich, dass Seneca die Vernunft beschworen hat, wo er konnte.

Senecas Weisheit schlug erst um in Tragik, als, Jahrhunderte später, ein gewisser Herr K. sich vornahm, sein Leben nach ihr und nur ihr auszurichten. Wenn man Kants Geschichte liest, bekommt man das Gefühl, er habe mit Hilfe jener vermeintlichen Weisheitsformel, statt das Glück zu finden, es vielmehr stoisch aus seinem Leben vertrieben.

Nun gab es nicht nur Platon und die Stoiker und Kant, natürlich nicht. Es gab auch Herder und Jacobi, Goethe und Schiller und ihren Sturm und Drang. Es hat sich auch stets Widerstand gegen die Herrschaft der Vernunft formiert – zu Kants Zeiten blühte er sogar richtig auf, mit Rousseau und den ersten Regungen der Romantik. Damals, im 18. Jahrhundert, schrieb der schottische Philosoph David Hume: »Die Vernunft ist nur der Sklave der Affekte und soll es sein.«[52]

Einige haben es sogar gewagt, explizit und mit großer Wucht für die irrationalen Seiten des Menschen Partei zu ergreifen, für die Instinkte, für das Unbewusste, für die Gefühle. Nietzsche zum Beispiel. Gegen Sokrates und dessen Weisheitsformel schrieb Nietzsche: »Das grellste Tageslicht, die Vernünftigkeit um jeden Preis, das Leben hell, kalt, vorsichtig, bewusst, ohne Instinkt, im Widerstand gegen die Instinkte war selbst nur eine Krankheit, eine andre Krankheit – und durchaus kein Rückweg zur ›Tugend‹, zur ›Gesundheit‹, zum Glück ...«[53]

»Alle Passionen«, meinte Nietzsche, »haben eine Zeit, wo sie bloß verhängnisvoll sind, wo sie mit der Schwere der Dummheit ihr Opfer hinunterziehn – und eine spätere, sehr viel spätere, wo sie sich mit dem Geist verheiraten, sich ›vergeistigen‹. Ehemals machte man, wegen der Dummheit in der Passion, der Passion selbst den Krieg: Man verschwor sich zu deren Vernichtung [...]. Die Leidenschaften und Begierden *vernichten*,

46

bloß um ihrer Dummheit und den unangenehmen Folgen ihrer Dummheit vorzubeugen, erscheint uns heute selbst bloß als eine akute Form der Dummheit. Wir bewundern die Zahnärzte nicht mehr, welche die Zähne *ausreißen*, damit sie nicht mehr weh tun ...«[54]

Doch Rufe wie diese sind in der Geschichte der Philosophie – und Wissenschaft – immer nur Zwischenrufe geblieben.

Der Mann ohne Emotionen

Obwohl. Es hat sich etwas getan. Seit nun schon über einem Jahrzehnt lässt sich so etwas wie eine Abkehr von der Fixierung auf Vernunft und Verstand hin zu einer »emotionalen Wende« beobachten – diese Wende entspringt allerdings nicht in erster Linie der Philosophie, sondern vor allem der Psychologie, Neurologie und Hirnforschung. Hier vollzieht sich auf breiter Front ein radikaler Blickwechsel.[55]

Bereits Freud hatte Anfang des 20. Jahrhunderts die irrationale Seite des Menschen ins Zentrum seiner Psychoanalyse gerückt. Aber selbst Freud betrachtete die Gefühle, die Triebe des Menschen, das »Es«, wie er es nannte, noch mit großer Skepsis. Der österreichische Schauspieler O. W. Fischer hat einmal erzählt, wie er in seiner Jugend in Wien Freud zuweilen auf der Straße begegnete. Freud habe ihn dann mit erhobenem Zeigefinger beschworen, die bösen Triebe nicht zu unterschätzen, denen der Mensch immer hilflos ausgeliefert sei![56]

Die Geschichte der Gefühle ist – zumindest in unserer westlichen Denktradition – vor allem eine Geschichte der Unterdrückung und / oder Verteufelung gewesen. Das ist es, was sich momentan ändert.

Der Vorgang entbehrt nicht einer gewissen Ironie: Immer häufiger stoßen Forscher mit den Mitteln der Ratio auf deren Beschränktheit. Mit dem Bewusstsein entdecken sie die Macht des Unbewussten. Mit der Vernunft offenbart sich ihnen die Vernunft der Gefühle.

Einer der Pioniere, der der Vernunft der Gefühle erstmals wissenschaftlich auf die Spur kam, ist der portugiesisch-amerikanische Neurologe Antonio Damasio. Das war, als man Damasio einen Patienten namens Elliot überwies. Elliot sollte Damasios Leben und sein Weltbild für immer verändern.

Zusammen mit seiner Frau Hanna hat Antonio Damasio, angefangen in den 1970er Jahren, das weltweit größte Archiv von Bildern geschädigter Gehirne aufgebaut. Tausende von Köpfen haben das Ehepaar und ihre Mitarbeiter inzwischen durchleuchtet, und doch hat kaum ein Patient Damasio so tief beeindruckt wie der Mann, der unter dem Namen Elliot in die Geschichte der Neurologie eingegangen ist.

Elliot war ein erfolgreicher Jurist und ein liebevoller Ehemann und Vater. Vielen Kollegen war er, ebenso wie seinen Geschwistern, ein Vorbild.

Dann änderte sich plötzlich sein Leben. Es begann mit Kopfschmerzen und Konzentrationsschwierigkeiten, die immer schlimmer wurden. Bei der Arbeit machte Elliot Fehler: Seine Kollegen mussten ihn korrigieren oder, was früher nie vorgekommen war, ihm die Arbeit ganz abnehmen.

Elliot ging zum Arzt. Dort stellte sich heraus, dass sich in seinem Kopf, direkt hinter der Stirn und über der Nasenhöhle, ein Tumor befand. Der Tumor hatte bereits die Größe einer Mandarine – und er wuchs. Es war klar, eine Operation war unumgänglich.

Elliot kam unters Messer. Die Chirurgen schnitten den Tumor heraus und mit ihm einen Teil des Stirnlappens. Die OP gelang. Anfangs schien es sogar, als sei sie ein voller Erfolg gewesen. Elliots Zustand besserte sich bald, und offenbar kehrte das Tumorgewebe nicht zurück.

Nach und nach jedoch stellte sich heraus, dass man mit dem Eingriff in sein Gehirn auch in Elliots Persönlichkeit eingegriffen hatte. Elliot war nicht mehr der alte Elliot.

Das begann schon am Morgen: Elliot, der bis dahin so erfolgreiche, ehrgeizige Geschäftsmann, kam nicht mehr aus dem Bett, man musste ihn regelrecht dazu drängen. Wenn er endlich aufgestanden war und sich zur Arbeit geschleppt hatte, schien er vollkommen verloren. Er saß da und blickte stumpf vor sich hin. Nahm er sich vor, seinen Schreibtisch aufzuräumen, grübelte er stundenlang darüber, nach welchem Prinzip er die Papiere und Dokumente bloß sortieren sollte. Irgendwann fing er schließlich damit an, nur um sich kurz darauf in eines der Dokumente zu vertiefen und darüber ganz das Aufräumen zu vergessen.

So ging es Tag für Tag. Stets blieb Elliot bei einem Arbeitsschritt hängen. Obwohl er kein Wissen eingebüßt hatte und jede einzelne Tätigkeit noch genauso ausführen konnte wie früher, verlor er ständig das übergeordnete Ziel aus den Augen.

Elliot kam zu nichts mehr, was freilich auch seinen Vorgesetzten auffiel. Nach einigen Abmahnungen, die nichts bewirkten, wurde Elliot gekündigt.

Von da an ging es nur noch bergab. Elliot tat sich mit einem dubiosen Partner zusammen, schlug die Warnungen seiner Freunde in den Wind – und endete im Bankrott. Auch seine Ehe ging in die Brüche. Es folgte eine zweite Ehe und eine zweite Scheidung. Am Ende ließ er sich ganz treiben, irrte ratlos durchs Leben und landete in der Obhut seiner Geschwister, denen er immer ein Vorbild gewesen war. Keiner von ihnen verstand, wie sich ein so intelligenter Mann so verdammt unvernünftig verhalten konnte!

Auch Damasio konnte das zunächst nicht verstehen. Elliot hatte keinerlei Gedächtnisprobleme, und sein IQ lag, wie Tests erwiesen, im oberen Bereich. Dieser Mann war definitiv intelligenter als die meisten, und doch führte er sich im Alltag auf wie ein Trottel!

Erst nach mehreren Gesprächen und Untersuchungen wurde dem Neurologen klar, dass es Elliot nicht an Intelligenz und nicht an Wissen mangelte, sondern an etwas anderem, und dass dies die Ursache für sein unvernünftiges Verhalten sein könnte: *Elliot fehlte es an Gefühl.*

Von Anfang an war Damasio das distanzierte, kühle Verhalten Elliots aufgefallen. »In den vielen Stunden unserer Unterhaltung erlebte ich bei ihm nie einen Anflug von Emotion: keine Traurigkeit, keine Ungeduld, keinen Überdruss angesichts meiner endlosen und sich wiederholenden Fragerei«, berichtet der Forscher. »Wie ich erfuhr, verhielt er sich auch in seinem Alltag nicht anders.«[57] Über sein eigenes trauriges Schicksal erzählte Elliot, als sei es eine Nachricht aus der Zeitung. Damasio hatte sogar den Eindruck, er würde unter Elliots Geschichte mehr leiden als Elliot selbst.

Ein Test brachte das ganze Ausmaß von Elliots Gefühllosigkeit ans Tageslicht. Als ein Kollege Damasios Elliot Bilder von brennenden Häusern und ertrinkenden Menschen vorlegte, blieb Elliot vollkommen regungslos. Die Szenen schienen ihn nicht im Geringsten zu berühren. Sie ließen ihn kalt. Er entgegnete nur, er merke, dass Themen, die ihn einst sehr erregt hätten, jetzt keinerlei Reaktionen mehr in ihm hervorriefen, weder positive noch negative. Elliot – der Mann ohne Gefühle.

Wenn es nach den Stoikern ginge, hätte Elliot eigentlich der Inbegriff der Weisheit sein müssen. *Gerade er, mit seinem hohen IQ und ohne die verwirrenden Emotionen, hätte jenes »gelingende Leben«, nach dem die Philosophen seit der Antike gefahndet haben, finden müssen.* Doch das genaue Gegenteil war der Fall: Elliots Apathie hatte ihn nicht zum Weisen gemacht, sondern zum Tölpel.

Die meisten von uns würden wohl meinen, dass jemand, der nicht von Gefühlen abgelenkt wird, zumindest imstande sein müsste, rationale Entscheidungen zu treffen. Die Geschichte Elliots jedoch belehrt uns eines Besseren. Elliot konnte selbst über einfache Entscheidungen ewig grübeln und traf dann doch die falsche, weil sich jede Entscheidung für ihn gleich anfühlte, nämlich nach gar nichts.[58]

Offenbar sind Gefühle nicht das, wofür wir sie lange gehalten haben. Sie sind nicht »dumm«, sondern steuern auf buchstäblich entscheidende Weise unseren Verstand.

Unsere Emotionen, auch darauf deutet Elliots Fallgeschichte, sind wie ein Kompass: Sie zeigen uns, in welche Richtung wir handeln sollen. Sie lassen uns spüren, was gut und was schlecht für uns ist, und lenken uns so durchs Leben. Elliot war dieser innere Kompass abhanden gekommen: Er spürte nicht mehr, was gut oder schlecht für ihn war. So irrte er durchs Leben, ohne zu wissen wohin.

Die Intelligenz der Gefühle

Gefühle und Verstand sind nicht die Gegner, zu denen wir sie in unserer abendländischen Kultur gemacht haben. Vielmehr arbeiten die Gefühle und der Verstand meist Hand in Hand. Gerade in kritischen Situationen greifen unsere Gefühle dem Verstand unter die Arme und helfen ihm, schnell zu einer Entscheidung zu gelangen, die unser Überleben sichern soll.

Angst zum Beispiel mahnt zur Vorsicht, macht wachsam gegenüber Gefahren. Ekel veranlasst zu Hygiene und warnt vor verdorbener Nahrung. Wie wichtig gerade diese beiden negativen Gefühle für unser Leben und Überleben sein können, wird deutlich, wenn sie plötzlich *nicht* mehr da sind.

So berichtet Antonio Damasio auch von einer Patientin, der, anders als Elliot, nur ein einziges Gefühl abhanden gekommen ist: Angst. Diese Frau, Frau S., scheint keine Furcht zu kennen oder zumindest nur noch sehr eingeschränkt.[59] Aufgrund einer seltenen Erbkrankheit sind bei Frau S. die beiden Mandelkerne ihres Gehirns verkalkt. Die Mandelkerne (Fachjargon: »Amygdala«) sind kleine Zellgruppen tief im Innern des Gehirns. Sie sind Teil eines neuronalen Angstzentrums. Vereinfacht gesagt: Sobald wir uns fürchten, feuern die Mandelkerne.[60]

Da die Angstzentrale im Kopf der Frau S. chronisch außer Betrieb ist, ist sie immer freundlich, immer entgegenkommend. Etwas zu entgegenkommend, wie Damasio anmerkt. Auch von Fremden lässt sie sich bereitwillig umarmen und brennt förmlich darauf, mit jedem zu plaudern, der ein Gespräch mit ihr anfängt.

Ist doch schön, könnte man meinen, so mit einer rosaroten

Brille durch die Welt zu gehen! Allerdings wird Frau S. von ihren Mitmenschen immer wieder reingelegt, ausgenutzt und betrogen. Die gesunde Portion Argwohn, die uns davor bewahrt, jedem x-Beliebigen blind zu vertrauen, bei Frau S. ist sie verlorengegangen. Es ist der Preis ihrer Furcht- und Arglosigkeit.[61]

Doch nicht nur die Angst, sondern viele Gefühle begleiten uns durch den Alltag wie Schutzengel. Ekel etwa. Damasios Kollege Ralph Adolphs vom California Institute of Technology in Pasadena hat die Fallgeschichte eines Patienten beschrieben, Herrn B., bei dem seit einer durch Herpes-Viren hervorgerufenen Hirnentzündung jedes Gefühl von Ekel wie ausgelöscht ist. Stellt sich der Forscher vor Herrn B. und tut so, als würde er sich erbrechen und eine ungenießbare Speise ausspucken, beschreibt Herr B. die Szene mit den Worten, hier würde jemand offenbar »herrliches Essen genießen«. Herr B. trinkt Milch, die bereits aus Klumpen besteht, und findet sie »herrlich«. Wie Frau S. die Angst, so ist auch Herrn B. ein Teil seines natürlichen Alarmsystems abhanden gekommen. Die gefährliche Folge: Bei jedem Griff in den Kühlschrank riskiert der Mann eine Lebensmittelvergiftung.[62]

Gefühle sind, wie uns diese neurologischen Fallgeschichten nahelegen, keine Gegenspieler der Intelligenz, sondern stellen selbst eine Form von Intelligenz dar, ohne die unsere haarigen Vorfahren in der afrikanischen Savanne nie überlebt hätten.

Das gilt nicht nur für die Gefühle Angst und Ekel, sondern für alle unsere Gefühle. Wir haben Hunger, damit wir essen. Wir haben Durst, damit wir trinken und zwar nicht nur Luft, wie Herr K. Wir spüren Schmerzen, damit wir Verletzungen vermeiden oder, wenn wir sie uns schon zugezogen haben, versorgen. Wir spüren Liebe, damit wir zusammenkommen und es auch ein Weilchen bleiben usw.

Gefühle geben uns Ziele im Leben, kleine und große, ohne uns bis ins Detail zu diktieren, wie wir diese Ziele erreichen sollen.[63]

Weil wir Gefühle haben, irren wir nicht ziellos durch die Welt. Letztlich versuchen wir nämlich so zu handeln, dass wir möglichst wenig Leid (Schmerz, Angst, Ekel ...) und möglichst viel Lust (Freude, Liebe, Glück ...) erleben. Unser Verstand ist ein Diener dieser Unlustminimierung und Lustmaximierung und soll es sein.

Dass wir trotzdem morgens aufstehen und zur Arbeit gehen und uns hinsetzen und ein Buch schreiben und Gemüse essen und abends nicht zu viel Alkohol trinken, steht dazu nicht im Widerspruch. Wir wissen schließlich genau, dass wir uns zwar kurzfristig besser fühlen, wenn wir jetzt noch ein Stündchen liegen bleiben, es aber irgendwann Ärger gibt, wenn wir nicht aufstehen, und spätestens bei diesem Gedanken macht das Liegenbleiben auch kurzfristig keinen Spaß mehr, also quälen wir uns aus dem Bett. Also essen wir Brokkoli und trinken nicht zu viel Wein – es sei denn, es handelt sich um heute Abend und diesen herrlichen Kerner Kabinett vom Weingut Scherr aus der Pfalz, Jahrgang 2005.

Der Equalizer im Kopf

*Je mehr Affekte wir über eine Sache zu Worte
kommen lassen, je mehr Augen, verschiedne Augen wir uns
für dieselbe Sache einzusetzen wissen, umso vollständiger
wird unser »Begriff« dieser Sache, unsre »Objektivität« sein.*

Nietzsche, *Zur Genealogie der Moral*

Dass Gefühl und Verstand Hand in Hand arbeiten, wird schnell deutlich, wenn man sich einmal genauer ansieht, was Gefühle sind und wie sie »funktionieren«.

Stellen Sie sich vor, Sie sind im Urlaub, sagen wir, in Australien. Mal was anderes als Athen. Sie sind von Sydney aus ins Inland gefahren, gute 2000 Kilometer, einmal quer durch den Staat New South Wales und noch weiter ins Innere des Landes, Richtung Uluru, der heiligen Stätte der Aborigines, Australiens

Ureinwohner. Irgendwann wird es ganz schön wüstig, ringsum nur noch Sand, teilweise rot, teilweise weiß. Wenn Sie langsam das Gefühl bekommen, Sie befänden sich eher auf dem Mond als auf der Erde, fahren Sie nur weiter, Sie sind genau richtig.

Es ist herrlich. Es ist heiß, 31 Grad im Schatten und kein Wölkchen am Himmel. Wüste, wohin Sie blicken und noch viel weiter. Sie fühlen sich richtig gut. Bisher haben Sie ja auch nur einen Fehler gemacht, nämlich als Sie sich bei dem Autovermieter in Sydney für das Schnäppchen, den gelben Ford Ka, entschieden haben, statt sich nach einem dieser umweltbewussten 4-Wheel-Drive-Monster zu erkundigen. Aber selbst das ist nicht weiter schlimm, bis Sie Ihren zweiten Fehler begehen: In Ihrer Euphorie kommen Sie von der Hauptstraße ab, und schon nach wenigen Metern steckt Ihr Ford im Sand fest.

Willkommen im Outback!

Was jetzt? Erst einmal laut fluchen. Dann schießt Ihnen plötzlich durch den Kopf, dass Sie doch gerade erst an diesem verstaubten Örtchen vorbeigerauscht sind, wie hieß es noch gleich? Kurz bevor Sie die Hauptstraße verlassen haben ... Sie seufzen, steigen aus, schimpfen noch einmal ordentlich, schließen den Wagen ab und machen sich auf den Weg.

Nach und nach, so durch den Sand stapfend, gelingt es Ihnen schon fast wieder, die surreale Landschaft zu genießen. Eine kalte Cola wäre jetzt genau das Richtige, denken Sie, als Sie plötzlich ein Zischen hören, ein Rascheln. Mit einem Mal zucken Sie zusammen und vor sich sehen Sie

einen Inlandtaipan, ausgerechnet. Auch *Fierce Snake, Schreckensotter* oder *Zornschlange* genannt. Die giftigste Schlange der Welt. Ein Biss reicht, um 100 Menschen, 100 000 Ratten oder 250 000 Mäuse zu töten, bevor diese ihr Testament unterschreiben können.[64] 250 000 Mäuse! Warum so viele, weiß eigentlich keiner, zumindest wurde noch nie ein Inlandtaipan gesichtet, der eine Viertelmillion Mäuse auf einmal verschlungen hätte. Egal, Sie wissen das alles eh nicht. Sie stehen nur vollkommen starr da, Blick auf die Schlange. Alles andere ist ausgeblendet. Die Landschaft. Die Cola. Das Auto. Sie spüren den Schweiß an Ihren Händen und das Herzklopfen in Ihrer Brust. Vorsichtig, einen Fuß hinter den andern setzend, machen Sie ein paar Schritte zurück. Die Schlange scheint nicht zu reagieren. Sie sitzt still da. Nachdem Sie sich einige Meter entfernt haben, fangen Sie an zu rennen, langsam, dann immer schneller, Sie rennen um Ihr Leben, bis Sie irgendwann außer Atem stehen bleiben.

Es scheint, als würde der Inlandtaipan die Verfolgung nicht aufnehmen.

Einige Minuten später, der Schrecken sitzt Ihnen noch in den Knochen, kehren Sie zurück und machen sich auf die Suche nach dem besagten Örtchen, den Blick auf den Boden gerichtet. Einmal noch zucken Sie zusammen, als Sie plötzlich hinter einem dürren Gebüsch etwas Dunkles erspähen – es ist nur ein Ast.

Wären Sie doch bloß in Athen geblieben!

Aber dann hätten Sie vielleicht nie diesen aufschlussreichen Blick in das Wesen der Gefühle werfen können. Wie Sie eben am eigenen Leib erfahren haben, geben uns Gefühle nicht einfach nur ein Ziel, wie das, einer Schlange aus dem Weg zu gehen und die eigene Haut zu retten – *sie helfen uns auch, das Ziel möglichst effektiv zu erreichen.*

Gefühle werden immer dann geweckt, wenn etwas für Sie Wichtiges auf dem Spiel steht, wie, sagen wir, Ihr Leben. Nehmen Sie einen Schluck verdorbener Milch, überfällt Sie spontan ein Ekelgefühl und Sie spucken, anders als Herr B., das eklige – sprich: giftige – Gebräu aus. Meist kommt es erst gar nicht so weit und Sie riechen die Gefahr schon vorher: Bereits der Gestank saurer Milch erregt Ekel.

Ähnlich funktioniert die Angst. Sehen Sie eine Schlange, geraten Ihr Gehirn und der Rest Ihres Körpers in einen Zustand, der – aus Sicht der Evolution – am besten dazu geeignet ist, mit der Gefahr fertig zu werden. Unsere Bezeichnung für diesen Zustand lautet »Angst«. Adrenalin schießt durch Ihre Adern und mobilisiert die Kräfte Ihres Körpers. Ihr Herz schlägt schneller, Ihr Blutdruck steigt, denn im Notfall müssen Sie gleich wegrennen oder kämpfen. Ihre Wahrnehmung verändert sich: Sie haben keine Augen mehr für die hübsche Landschaft, sondern nur noch für die Schlange und ihre Bewegungen. Auch nachdem die akute Gefahr gebannt ist, ist Ihr Blick noch so auf Schlangen eingestellt, dass Sie einen Stock glatt für eine Schlange halten – es ist ja schließlich vorteilhafter, einmal eine Schlange zu viel zu sehen als eine zu *über*sehen. Ihr Denken verändert sich: Es kreist nur darum, der Schlange zu entkommen. Irrelevante Gedanken, wie die an die kalte Cola, werden zurückgestellt. Ihr Gedächtnis wird hochgefahren: Das Erlebnis mit der Schlange, wie es dazu kommen konnte, die Fehler, die Sie gemacht haben, angefangen mit diesem verfluchten Ford Ka, und wie Sie sich am Ende doch heroisch aus der Situation gerettet haben, das alles werden Sie nie wieder vergessen und noch Ihren Enkelkindern erzählen, die niemals so tollkühn sein werden, mit einem gelben Ford Ka in die Wüste zu ziehen.

Erst wenn die Gefahr vorüber ist, normalisiert sich Ihr Zustand. Allmählich kehren andere Gefühle wie der Durst zurück, und Sie gönnen sich eine Cola, wenn Sie eine finden können.

Also, ich weiß ja nicht, wie es Ihnen geht, aber mich erinnert die Art und Weise, wie uns Gefühle »einstimmen«, an den Equalizer meiner Stereoanlage. Mit einem Equalizer kann man die Höhen, Mitten und Tiefen von Musik hoch- oder runterfahren und so den Klang ändern.

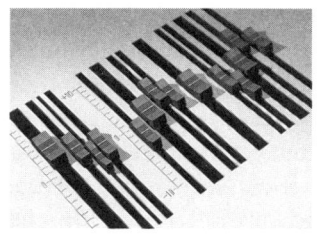

Meine Stereoanlage sieht leider nicht ganz so schön aus. Dafür ist sie digital und bietet die Möglichkeit, je nach Musikrichtung, zwischen verschiedenen »Klangkonfigurationen« zu wählen, wie ROCK, JAZZ, KLASSIK oder, für Filme, DRAMA. Ich mache mal eben ein Foto, dann sehen Sie sofort, was ich meine. Hier ist es:

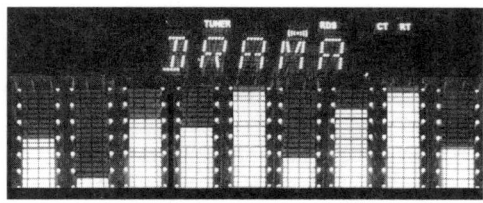

Das Praktische an den Klangkonfigurationen ist: Wenn ich von Chaka Khan zu Chopins Klavierkonzert wechsle, brauche ich die Frequenzen nicht alle einzeln zu justieren: Ein Knopfdruck genügt, und schon sind die Höhen und Tiefen so eingestellt, dass sie am besten zum Klavierkonzert passen.[65]

Wie der Equalizer mit der Musik, so machen es die Emotionen mit uns: Sie sind wie Klangkonfigurationen im Kopf. Die Klangkonfiguration Angst bringt unser Gehirn in einen »Angstmodus«, die Klangkonfiguration Ekel in einen Ekelmodus, die Liebe in einen Liebesmodus, der Durst in einen Durstmodus usw.

Im Gehirn nehmen die Klangkonfigurationen die Form spezifischer Aktivitätskonfigurationen an. Obwohl man die Erkenntnisse der Hirnforschung mit Vorsicht genießen sollte, weil sie noch sehr neu sind und sich andauernd »überschlagen«, so vermutet man, dass bei der Angst zunächst insbesondere die Amygdala, die Angstzentrale in unserem Kopf, aktiviert wird. Die Amygdala wiederum scheint imstande zu sein, all jene Veränderungen zu bewirken, die Sie eben im australischen Outback erlebt haben: Sobald die Amygdala eine Schlange registriert, alarmiert sie Hirnzentren, die unseren Herzschlag und Blutdruck auf Trab bringen. Sie schickt Signale an Areale der Großhirnrinde, die für unsere Wahrnehmung und unser Denken zuständig sind, und veranlasst so, dass sich unser Blick für Schlangen schärft. Außerdem wirft die Amygdala eine benachbarte Hirnstruktur namens »Hippocampus« an. Der Hippocampus ist eine entscheidende Schaltstelle des Langzeitgedächtnisses. Er sorgt dafür, dass sich das Schlangenerlebnis auch ja in unsere Hirnwindungen eingraviert. Die Aktivität der Amygdala ist somit nicht nur selbst Teil des Angstmodus, sondern trägt auch entscheidend dazu bei, den Rest des Gehirns sowie den Körper in den Angstmodus zu versetzen.[66]

Auf diesem Schaubild sehen Sie, wo sich die Amygdala und der Hippocampus im Gehirn befinden:

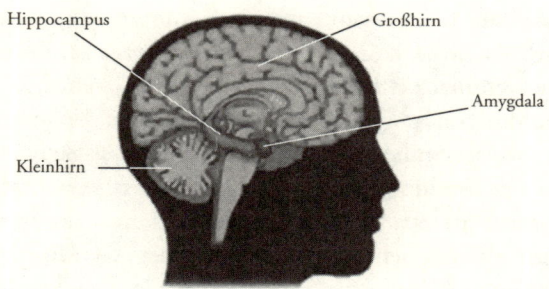

Ganz anders als die Klangkonfiguration der Angst »klingt« die der Liebe. Das Hirnmuster der Liebe gleicht teilweise geradezu einem *Negativ* der Angst. So wird der Angstschalter namens Amygdala bei der Liebe regelrecht ausgeknipst. Das haben Londoner Forscher festgestellt, als sie hochgradig verliebte Versuchskaninchen in einen Hirnscanner (fMRI, funktionelle Magnetresonanztomographie) legten und ihre Köpfe durchleuchteten, während diese in dem Gerät auf das Bild ihres Partners blickten. Nicht nur die Aktivität der Amygdala kam da zum Erliegen, auch weitere Hirnteile, darunter eins, mit dem wir unsere Mitmenschen kritisch beurteilen, löschten ihr neuronales Licht. Im Gegensatz zur Angst also, die den Blick für das Subjekt der Bedrohung schärft, macht die Liebe für das Objekt der Begierde tatsächlich blind![67]

Geht man in die Details, werden die »Klangkonfigurationen« im Kopf sehr komplex, da unsere Emotionen buchstäblich Hunderte von Hirnfeldern an- und abschalten können. Der zentrale Gedanke jedoch ist einfach: *Unsere Gefühle bestimmen in hohem Maße, welche Teile des Gehirns wir gerade brauchen und welche nicht.*

Aber ist es nicht am besten, immer sein *ganzes Gehirn* zu benutzen? Die Antwort lautet nein. Wie schon das einfache Schlangenbeispiel zeigt: Wer sich in akuter Lebensgefahr befindet, den lenken Gedanken an eine Coca-Cola nur ab, also werden diese Gedanken im Angstmodus abgeschaltet. (Wer überkritisch ist, findet nie einen Partner, also wird das Kritik-Netzwerk im Liebesmodus ausgeknipst usw.)

Erst sobald die akute Lebensgefahr vorüber ist, bekommen andere Gefühle, wie der Durst, wieder eine Chance. Ja, je länger Sie durch die Wüste stapfen, desto durstiger werden Sie. Nach ein paar Stunden hat das Durstgefühl Ihr ganzes Gehirn in den Durstmodus versetzt: Ein Kaktus erscheint Ihnen jetzt nicht mehr als Pflanze, von der Sie die Finger lassen sollten, sondern als möglicher Durstlöscher. Oder es kommt noch schlimmer und dort, wo nur heiße Luft ist, sehen Sie eine Fata Morgana aus Wasser ...

Vielleicht meinen Sie: Gut, das mag ja alles einigermaßen zutreffen – was mich nur stört ist, dass Sie Durst und Angst begrifflich in einen Topf werfen. Dabei ist Angst ein *Gefühl*, während Durst eher ein *Bedürfnis* ist.

Zugegeben, aus psychologischer Sicht ist Angst etwas ganz anderes als Durst. Angst treibt uns von etwas weg, Durst zieht uns zu etwas hin. Angst kann ungreifbar sein, Durst ist immer konkret. Es gibt Angsterkrankungen, aber keine »Dursterkrankungen« (es sei denn, man löscht seinen Durst *immer* mit besagtem Kerner Kabinett).

Mir geht es um die Grundmechanismen des Gehirns. Aus Sicht des Gehirns sind sowohl Angst als auch Durst letztlich neuronale Aktivitätskonfigurationen, die dazu da sind, unser Überleben zu sichern. Es steht uns natürlich frei, das eine als »Gefühl« und das andere als »Bedürfnis« zu bezeichnen, weil eine solche Trennung auf psychologischer Ebene sinnvoll ist – auf der Ebene des Gehirns aber löst sich diese kategorische Trennung auf.

Im niederländischen Groningen habe ich das Labor des Hirnforschers Christian Keysers besucht, der eigens für dieses Buch ein paar Hirnbilder generiert hat, die meine kleine Equalizer-Theorie der Emotionen beispielhaft visualisieren.

In einem Versuch hat der Wissenschaftler Testpersonen mit einem Hirnscanner (ebenfalls fMRI) durchleuchtet, während die Leute über einen Schlauch ein Schlückchen konzentrierter Chininlösung in den Mund gespritzt bekamen. Chinin, das ist jene bittere Substanz, die auch Bitter Lemon seinen typischen Geschmack verleiht. In konzentrierter Form schmeckt Chinin einfach nur eklig und versetzt das Gehirn auf Anhieb in den Ekelmodus:

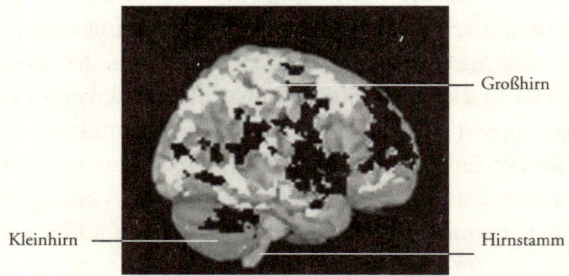

Kleinhirn ———   Großhirn

Hirnstamm

Hier sehen Sie die rechte Hirnhälfte mit Großhirn, Kleinhirn und Hirnstamm. Die schwarzen Regionen stellen *aktivierte*, die weißen *deaktivierte* Hirnareale dar.[68]

Ab und zu bekamen die Testpersonen keinen Chinin-Shake, sondern ein Schlückchen Zuckerwasser zugeführt, woraufhin ihre Gehirne mit freudiger Erleichterung reagierten und den Modus komplett änderten, so, wie wenn man beim Equalizer von ROCK zu KLASSIK wechselt:

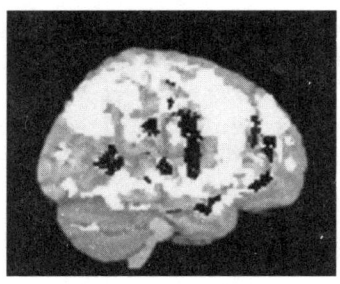

Wer registriert, dass sich eine ekelhafte – und damit womöglich giftige – Substanz in seinem Mund befindet, der braucht, um schnell und effektiv darauf reagieren zu können, eben ganz andere Ressourcen seines Gehirns, als jemand, der etwas Süßes – und damit vermutlich Energiereiches – zugeführt bekommt. Also schaltet das Gehirn blitzschnell in einen anderen Aktivitätsmodus. Wie es scheint, kann man im »Modus der Erleichterung« auf große Teile der rechten Großhirnrinde verzichten.

Um es zusammenzufassen: Das, was so viele Philosophen und Wissenschaftler über Jahrhunderte hinweg immer wieder mit Verachtung abgetan haben, die Gefühle, sind keine »Denkfehler«, sondern ein integraler Bestandteil des Denkens. Gefühle versetzen unser Gehirn in jeweils andere »Klangkonfigurationen« und bringen uns so auch auf jeweils andere Gedanken.

Die alten Athener fanden zum Ich, wie wir es heute kennen. Damit wurde der Mensch erstmals von einem göttergesteuerten Opfer zum selbstbestimmenden Täter. Er wurde verantwortlich für das, was er tat. Das warf eine neue Frage auf, nämlich: Wie soll ich handeln? Wie handle ich richtig? Von nun an konnte man sich für seine Taten und Gedanken nicht mehr auf Zeus und Athene beziehen, sondern brauchte dafür eine andere, innere Instanz. Sokrates und seine Nachfolger erhoben die Vernunft zur obersten Instanz in uns. Angesichts der Brutalität und Willkür, die damals das Leben und die Gesellschaft durchzogen, ist es kein Wunder, dass man die kühle, berechnende Vernunft beschwor und die hitzigen, unkontrollierbaren Gefühle zu unterdrücken versuchte und abwertete. Nur ist man dabei etwas über das Ziel hinausgeschossen.

Denn Gefühle sind nicht »dumm«, sie sind kein Gegensatz zum Denken, sondern steuern geradezu unser Denken – und Wahrnehmen: Jedes Gefühl stellt eine ihm eigene Sicht auf die Welt dar.

Das Ziel, die Gefühle ausschalten zu wollen, wie es die Stoiker im Sinn hatten, ist somit nicht nur unsinnig, es wäre auch unproduktiv. Je mehr Gefühle wir nämlich über eine Sache zu Wort kommen lassen, desto zahlreicher sind die Augen, mit denen wir diese Sache sehen. Indem Gefühle unser Gehirn in einen je anderen Spielmodus bringen, lassen sie uns die Wirklichkeit stets in einem anderen, neuen Licht erscheinen.

Damit werden die Gefühle zu einem Motor gerade auch des *kreativen* Denkens. Bei der Kreativität kommt es schließlich darauf an, die Dinge ein bisschen anders zu sehen als üblich. So ist es wohl kein Zufall, dass just Künstler und Menschen, die wir als »Genies« bezeichnen, oft mit einem turbulenten Gefühlsleben zu kämpfen hatten und haben. Teilweise litten und leiden sie unter starken Stimmungsschwankungen, bis hin zu Manien und Depressionen. Der Stimmungswechsel gehört offenbar untrennbar zu ihrem Talent, die Wirklichkeit immer wieder anders, neu zu sehen. Aber damit wären wir bereits beim Thema der beiden letzten Kapitel – der Frage nach der Kreativität und wie man das schlummernde Genie in sich weckt.

2 Die Macht der Intuition

Der Mann, der zwei Frauen liebte

Es war ein schöner Spätsommertag, Ende August 2005, draußen schien die Sonne, ich saß im Dachgeschoss des Max-Planck-Instituts für Bildungsforschung in Berlin, als mir, es kommt also hin und wieder auch bei mir vor, ein Licht aufging.

Der *Tagesspiegel*, für den ich als Reporter arbeite, hatte mich wenige Wochen vor der Bundestagswahl am 21. September 2005 (Schröder vs. Merkel) auf Recherchereise geschickt. Meine Mission bestand darin herauszufinden, wie Menschen Entscheidungen treffen.

Entscheiden müssen wir ständig. Vor der Wahlurne, im Beruf, im Restaurant, in der Liebe. Im Kleinen, wie jetzt, ob Sie diesen Satz zu Ende lesen. Im Großen, wenn wir uns fragen, ob wir heiraten und Kinder kriegen oder den Job kündigen und eine Tapas-Bar auf Ibiza eröffnen sollen.

Doch wie tun wir das? Wie entscheidet der Mensch? Und vor allem: Wie trifft man die richtige Entscheidung? Auf welche Stimme sollen wir hören? Die Stimme der Vernunft? Oder auf den Bauch?

Eine Station meiner Reise war das Berliner Max-Planck-Institut. Mehrere Tage folgte ich einem der Direktoren dort auf Schritt und Tritt, von morgens bis abends. Der Mann heißt Gerd Gigerenzer, ein äußerst liebenswürdiger Professor mit grauem Schnurrbart und bayerischem Akzent.

Wir unterhielten uns, ich diskutierte mit den Diplomanden, Doktoranden und Post-Doktoranden. Ich sah den Wissenschaftlern bei der Planung ihrer Experimente über die Schulter, hörte mir ihre Theorien an, besuchte ihre Konferenzen und Vorträge und machte brav Notizen.

Ein paar Tage später war mein Notizblock nahezu bis zur letzten Seite vollgekritzelt. Die Recherche und vor allem die Geduld der Redaktion näherten sich ihrem Ende. Also traf ich mich mit Gigerenzer für ein abschließendes Gespräch.

Neben dem Aufnahmegerät türmten sich zwei Stapel mit Studien, die mir die Forscher in die Hand gedrückt hatten. Darauf lag ein Fachbuch über Rationalität, ein kleines Geschenk von Gigerenzer. Die zentralen Erkenntnisse der Entscheidungsforschung lagen direkt vor meiner Nase, und doch: Ich war verzweifelt. Die Bundestagswahl rückte immer näher und ich hatte keine Ahnung, was ich schreiben sollte. Mein Kopf quoll über vor Informationen, aber es war, als würde ich vor lauter Bäumen den Wald nicht mehr sehen.

Ich saß da und fühlte mich so klug als wie zuvor.

Ich beschloss, in den sauren Apfel zu beißen und Gigerenzer rundheraus zu fragen. Ganz wohl war mir dabei nicht. Ich war dem Mann tagelang auf die Nerven gegangen, hatte seinen Arbeitsprozess gestört, ständig dazwischengefunkt. Jetzt musste ich eingestehen, dass ich immer noch nicht begriffen hatte, wie man nun am besten zu einer Entscheidung gelangt.

»Herr Gigerenzer«, fing ich an. »Könnten Sie vielleicht den Kerngedanken Ihrer Forschung noch einmal knapp auf den Punkt bringen?«

Gigerenzer schwieg.

»Sozusagen als Take-Home-Message für den Leser.« Gut, das war ein bisschen geheuchelt.

Gigerenzer schwieg. Er zupfte an seinem Schnurrbart, kniff die Augen zusammen. »Wissen Sie was«, sagte er dann. »Ich erzähle Ihnen eine Geschichte. Sie handelt von einem Bekannten.«

Und da erzählte er die Geschichte von einem Mann, der zwei Frauen liebte und nicht wusste, für welche er sich entscheiden sollte. Die eine liebte er aus ganz anderen Gründen als die zweite – wie sollte er da wählen? Dummerweise wussten die beiden voneinander und hatten dem Mann die Pistole auf die Brust gesetzt: entweder sie oder ich!

In seiner Verzweiflung entschloss sich der Mann, dem Rat Benjamin Franklins zu folgen. Franklin, ein amerikanischer Politiker, Naturforscher und Philosoph aus dem 18. Jahrhundert, pflegte in solchen Situationen ein Blatt Papier zu nehmen, darauf eine senkrechte Linie zu ziehen, um dann auf der einen Seite die Vor- und auf der anderen die Nachteile der Alternative aufzulisten. Er sei, meinte Franklin, mit dieser Methode stets gut gefahren.[69]

Und so sammelte Gigerenzers Bekannter alle Kriterien, die ihm wichtig waren. Er versuchte sich vorzustellen, wie aufmerksam und lieb Kandidatin 1 ihn auch nach Jahren der Ehe noch behandeln würde im Vergleich zu Kandidatin 2. Er bewertete das Aussehen und überlegte sich, inwiefern die Frauen im späteren Leben interessante Gesprächspartnerinnen für ihn sein würden. Zuletzt gewichtete er die einzelnen Kriterien, gab jedem Element eine Punktzahl, addierte die Werte und verglich das Ergebnis.

Gigerenzer machte eine Pause. Er blickte mich an. »Wissen Sie, was dann geschah? Er sah das Ergebnis und wusste intuitiv: *Es ist falsch.* Sein Herz hatte eine andere Entscheidung getroffen als sein Verstand.«

Also beschloss der Mann, seine Liste zu vergessen – und er verbrachte viele Jahre mit der Frau seines Herzens, »glücklich«, wie Gigerenzer betonte. Er hatte auf Benjamin Franklin gepfiffen und stattdessen auf sein Gefühl gehört. »Er hatte die richtige Wahl getroffen.«

Ich weiß noch, ich saß da, ich sah Gigerenzer an und war ergriffen. Vielleicht nicht wegen der Geschichte als solcher. Wie viele Geschichten gibt es, die von der Weisheit des Herzens handeln und davon, den Gefühlen zu folgen!

Aber das hier war anders.

Es ist eine Sache, wenn Jakob Michael Reinhold Lenz das

Herz beschwört oder wenn italienische Romanautorinnen Bücher schreiben wie *Geh, wohin dein Herz dich trägt.* Hunderte solcher Geschichten gibt es, was sag ich, Tausende, gute, schlechte, unterhaltsame, einfallslose, wundervolle, aber es sind Geschichten von Menschen, deren Beruf es ist, uns emotional zu berühren.

Jetzt jedoch saß da ein Professor vor mir, der seit zwei Jahrzehnten nichts anderes tut als den menschlichen Verstand zu ergründen. Wir befanden uns nicht in einer Talkshow, sondern im Max-Planck-Institut für Bildungsforschung, ein Stockwerk über der Etage, wo einst der Schülertest *Pisa* konzipiert wurde. Gigerenzer hat Dutzende von Fachpublikationen und Bücher über das Denken verfasst, darüber, wie und warum wir Menschen im Alltag nicht mit Statistik und Wahrscheinlichkeitsrechnung klarkommen. Sein Thema ist nicht Herzschmerz, sondern die Anatomie der Ratio. Auf dem Feld, das er beackert, regnete es in den letzten Jahren Nobelpreise – 1994 etwa zeichnete man in Stockholm das Mathegenie John Nash aus, dessen Leben in dem Hollywood-Streifen *A Beautiful Mind* mit Russell Crowe verfilmt wurde. Und wie also bringt dieser Wissenschaftler, der sein Brot mit dem Verstand verdient, seine Forschungsergebnisse auf einen Nenner? Eben. Mit einer Geschichte, die auf den ersten Blick auch nichts anderes zu sagen scheint als die Schriftstellerin Susanna Tamaro mit ihrem *Geh, wohin dein Herz dich trägt.*

Ich fürchte, Gigerenzer würde den Kopf schütteln, würde er lesen, dass ich seine Forschungsergebnisse mit dem Titel eines italienischen Romans zusammenfasse. Nie würde ich so etwas wagen!

Zumal es falsch wäre. Die Quintessenz aus 20 Jahren Entscheidungsforschung hört sich nicht ganz so einfach an wie Tamaros Weisheit. Doch Gigerenzer, Damasio & Co. sind dabei, jene Prozesse zu entschlüsseln, auf denen unser Denken und unsere Gefühle beruhen, und stellen fest: In vielen Situationen fährt man mit seiner Intuition besser als dem kühlen Verstand. Nur, in welchen?

Kopf oder Bauch

Kehren wir noch einmal ins Labor von Antonio Damasio zurück, ein einziges Mal noch, dann lassen wir die Leute dort in Ruhe arbeiten.

Als ich Damasio besuchte, war er gerade mit einem Großteil seines Teams von der University of Iowa im Mittleren Westen der USA ins sonnige Kalifornien umgezogen, an die University of Southern California in Los Angeles. Zwischen den Umzugskartons führte mich Damasios Assistent Antoine Bechara durchs Labor. Bechara war es, der Mitte der 1990er Jahre ein Experiment konzipiert hat, mit dem Forscher erstmals experimentell entdeckten, wie weit unsere Intuition dem Verstand voraus sein kann.

Der Versuch ging wie folgt. Eine Testperson nahm an einem Tisch Platz, auf dem vier Kartenstapel lagen, zwei blaue und zwei rote. Sie wurde aufgefordert, nach und nach eine Karte ihrer Wahl umzudrehen. Auf der Rückseite jeder Karte stand ein Dollarbetrag, den man entweder einstreichen durfte oder abgeben musste.

Was keiner wusste: Die roten Karten gingen zwar oft mit hohen Gewinnen einher; hin und wieder aber befand sich unter ihnen auch eine »Strafkarte«, die eine horrende Geldbuße mit sich brachte. Erinnert mich, einmal vom hohen Gewinn abgesehen, ein wenig an meine Südkoreafonds. Bei den blauen Karten fiel der Profit geringer aus, dafür hielten sich hier auch die Verluste in Grenzen. Wie bei sicheren Staatsanleihen. Antoine Bechara und seine Kollegen hatten das Kartenspiel so arrangiert, dass es auf lange Sicht günstiger war, sich von den sicheren blauen als von den risikoreichen roten Stapeln zu bedienen.

Vor dem Spiel klebten die Forscher an den Testpersonen noch ein paar Elektroden fest, um ihre Hautleitfähigkeit zu messen, die immer dann steigt, wenn man nervös wird und anfängt zu schwitzen – eine Art Lügendetektor.

Endlich konnte das Spiel beginnen. Zunächst war keinem

der Spieler klar, welcher Stapel wie viel Gewinn abwarf, und man zog munter drauflos. Runde um Runde verging. 20, 30, ja sogar 40 Karten später hatte immer noch keiner das Spiel durchschaut. Erst nach der fünfzigsten Karte äußerten einige den Verdacht, die roten Stapel seien »irgendwie riskant«.

So weit, so gut. Bisher war nichts Spektakuläres passiert.

Dann warfen die Wissenschaftler einen Blick auf den Lügendetektor. Verblüfft stellten sie fest, dass sich das Gerät bereits kurz nach Spielbeginn gemeldet hatte. Schon ab der *zehnten* Karte hatte der Detektor Alarm geschlagen: Immer dann, wenn die Spieler kurz davor gestanden hatten, eine rote Karte umzudrehen, waren sie ins Schwitzen gekommen! Als hätte etwas in ihnen sie vor der Gefahr warnen wollen. Und tatsächlich hatten die Spieler ab der zehnten Karte begonnen, die roten Stapel zu meiden und die blauen zu bevorzugen, obwohl ihnen das nicht bewusst war.

Ganze 40 Karten also bevor die Spieler *sagen* konnten, dass die roten schlecht für sie waren, *ahnten* sie dies. *Ihr bewusster Verstand tappte noch im Dunkeln, da hatte das Unbewusste die Gefahr längst gewittert und sie veranlasst, ihre Strategie zu ändern.*

Einige Zeit später wiederholten die Forscher das Spiel – diesmal aber nicht mit gewöhnlichen Testpersonen, sondern mit Patienten, die unter ähnlichen Stirnlappenschäden und Gefühlsstörungen litten wie Elliot, der Mann ohne Emotionen.

Da bot sich gleich die nächste Überraschung: Weder schlug bei den Stirnlappen-Patienten der Lügendetektor aus, sobald sie nach den Stapeln mit den roten Karten griffen, noch änderten sie im Laufe des Spiels ihr Verhalten.

Was besonders merkwürdig war: Es mangelte den Stirnlappen-Patienten nicht etwa an Einsicht. Auch sie durchschauten irgendwann das Spiel. Und trotzdem griffen sie weiter zu den roten Karten. Es war, als vermochte der Verstand – ohne das Gefühl – nichts gegen das Verhalten auszurichten!

Auch Elliot stürzte sich geradezu hemmungslos auf die gefährlichen Stapel und war schon nach halber Spieldauer pleite. Mit seinem messerscharfen Verstand konnte er das Spiel ziemlich bald haargenau erklären, und doch half ihm diese »sterile« Erkenntnis nicht dabei, seine Strategie zu ändern – als sei der Verstand, ohne die unterstützenden Emotionen, nur ein zahnloser Tiger, unfähig, das, was er für richtig hält, auch durchzuziehen. Unsere Gefühle sind also buchstäblich *entscheidend.*[70]

Der Kartenversuch ist »nur« ein Experiment. Eine künstliche Situation. Aber ist das, was sich da im Labor abspielte, wirklich so weit von unserer Alltagswelt entfernt? Wie oft haben wir das Gefühl, dass »etwas« nicht stimmt, können aber nicht sagen, was es ist? Wir wissen es einfach. Wir *spüren* es.

Dann kommt es vor, dass wir unsere Gefühle verwerfen, sie ignorieren oder mit dem Verstand überspielen. Eine Intuition kann man schließlich nicht als stichhaltiges Argument gelten lassen! Später stellen wir nicht selten fest, dass wir mit unserem »komischen Bauchgefühl« genau richtig lagen.

Wie der Kartenversuch offenbart, stehen uns grundsätzlich zwei Wege zur Verfügung, um zu einer Einsicht – und damit zu einer Entscheidung – zu gelangen.

Der eine Weg läuft über die Vernunft. Er ist hell beleuchtet. Er führt über den bewussten Verstand und dessen Gehilfe: die Sprache. Mit Hilfe von Logik und Argumenten bringt uns diese Route zum Ziel. Da wir schrittweise vorankommen und es nicht dunkel ist, können wir genau erklären, wie wir schließlich zur Einsicht gekommen sind. Auf der Grundlage dieser Einsicht können wir dann eine »vernünftige« Entscheidung treffen (auch wenn es ohne die Gefühle, wie die Befunde mit den Stirnlappen-Patienten nahelegen, schwierig werden dürfte, die Entscheidung wirklich durchzuziehen). Fragt man uns, warum wir uns so und so entschieden haben, können wir den Weg zurückverfolgen, das Ergebnis analysieren und rechtfertigen. Das ist der Vorteil. Der Nachteil ist, dass wir 50 Karten brauchen, um zum Ergebnis zu kommen.

Gut, wenn es nur um fiktives Geld geht, ist das nicht weiter schlimm. Aber was ist, wenn unser Leben auf dem Spiel steht? Was, wenn Sie beim Anblick einer Schlange erst mal anfangen würden, die Situation in Ruhe zu analysieren, Schritt für Schritt? Nach einem Viertelstündchen nüchternen Abwägens aller Vor- und Nachteile sind Sie sich sicher, dass die vernünftigste Handlung darin bestanden hätte, wenn Sie sich vor einem Viertelstündchen aus dem Staub gemacht hätten. Schade, dass es dafür jetzt zu spät ist. Hätten Sie den Biss überlebt, Sie hätten uns bestimmt detailliert erklären können, wie und warum Sie zu Ihrer Einsicht gekommen sind. Es hat halt alles sein Für und Wider im Leben.

Aber Sie sind beim Anblick der Schlange ja nicht der Route der Ratio gefolgt. Sie sind einen anderen Weg gegangen – jenen, der über das Unbewusste führt.

Dieser Weg liegt im Dunkeln. Unser Unbewusstes weiß nicht, wie es zu seinen Schlüssen kommt. Wir bezeichnen diese Schlüsse als *intuitiv*. Unsere intuitiven Urteile sind nicht etwa willkürlich, sie folgen ihrer eigenen Logik. Nur operiert die Logik der Intuition *unterirdisch*: Bei einem intuitiven Urteil können wir nicht sagen, *wie* wir zu diesem Urteil gekommen sind.

Manchmal wissen wir noch nicht einmal, *dass* wir zu einem Urteil gekommen sind. Das Unbewusste kann, wie der Kartenversuch demonstriert, unser Verhalten lenken, ohne dass wir auch nur das Mindeste davon mitbekommen. Das kann ein Nachteil sein, wenn wir uns nicht so verhalten möchten, wie es uns das Unbewusste mit seinen intuitiven Urteilen nahelegt. Sollten Sie aus irgendwelchen Gründen auf risikoreiche Karten stehen oder darauf, mit einem Inlandtaipan eine Friedenspfeife zu rauchen, dann hätte Ihr Unbewusstes damit ein Problem: Ihr Unbewusstes fragt Sie gar nicht, ob Sie die risikoreichen Karten oder die Schlange meiden wollen. Nein, es fällt stillschweigend ein Urteil und steuert dann automatisch Ihr Verhalten in eine bestimmte Richtung. Sie müssten schon Ihren Verstand einschalten, um das intuitive Urteil Ihres Unbewussten zu überstimmen.

Insofern ist das Unbewusste nicht so flexibel wie der Verstand. Es arbeitet weitgehend automatisch und entzieht sich unserer Kontrolle. Seine Schlüsse lassen sich nur schwer schrittweise analysieren und in Worte fassen. Sie äußern sich in Form von Schweiß oder einem »komischen Gefühl im Bauch«. Unsere intuitiven Schlüsse tauchen scheinbar aus dem Nichts auf. Das ist der Nachteil der Intuition. Ihr Vorteil ist: Sie ist schnell – schneller als der Verstand erlaubt.

Okay, sagen Sie, ich glaube, mir ist jetzt völlig klar, warum es zwei Entscheidungsrouten (bewusster Verstand vs. unbewusste Intuition) gibt: Wenn ein Inlandtaipan vor mir auftaucht, kommt es nicht darauf an, zu wissen, *warum* ich Angst habe und worin die jeweiligen Pros und Kontras meiner Handlungsoptionen genau bestehen. Ich sollte einfach Angst haben und mich in Luft auflösen. Ausführliches Räsonieren würde mich nur umbringen. Also entscheide ich intuitiv.

In den meisten anderen Situationen jedoch, wenn ich es mir leisten kann und Zeit und Muße habe, lohnt es sich, den Verstand einzuschalten, um mir in Ruhe die Vor- und Nachteile durch den Kopf gehen zu lassen. Mein Urteil wird dann einfach ausgewogener sein. Bewusster. Man weiß ja nie, ob Sokrates vorbeikommt und anfängt, lästige Fragen zu stellen.

Diese Überlegungen gehen zwar in die richtige Richtung, sind aber noch nicht vollständig. Vor allem erklären sie nicht unser Anfangsbeispiel: Warum also jemand, der zwei Frauen liebt und nicht weiß, für welche er sich entscheiden soll, tatsächlich gut daran täte, seiner Intuition statt seinem Verstand zu folgen, *selbst wenn dieser Mensch alle Zeit der Welt hätte.*

Wenn Analyse das Urteil trübt

*Auch ist nicht zu leugnen, dass die Empfindung
der meisten Menschen richtiger ist als ihr Räsonnement.
Erst mit der Reflektion fängt der Irrtum an.*
Schiller an Goethe, 30. 7. 1799 [71]

Jetzt machen wir mal was Nettes. Sie dürfen sich ein Poster aus-
suchen. Es stehen verschiedene Motive zur Auswahl, zum Beispiel eins von Van Gogh. Auch ein Monet ist darunter. Außerdem gibt es noch ein paar mehr oder weniger lustige Cartoons
mit Katzen. Das war's. Lauter verschiedene Poster, alle haben
etwas für sich, Sie aber müssen sich entscheiden. Sie dürfen nur
eins mit nach Hause nehmen. Welches nehmen Sie?

Anfang der 1990er Jahre stellte ein US-Psychologe namens
Tim Wilson seine Studenten vor diese Wahl. Erst zeigte er
ihnen fünf verschiedene Poster. Dann teilte er die Studenten
in zwei Gruppen. Die einen sollten, bevor sie ihre Wahl trafen, für jedes Poster kurz notieren, was ihnen daran gefiel und
was nicht. Die anderen sollten sich einfach spontan entscheiden.

Am Ende des Semesters rief der Psychologe die Studenten
an, um nachzufragen, was sie von ihrem Poster hielten. Da
stellte er fest, dass die »Denker« nicht sonderlich glücklich mit
ihrer Wahl geworden waren – im Gegensatz zu den Spontan-
entscheidern: Sie äußerten sich nicht nur positiver über ihr
Poster, sondern hatten es sogar häufiger bei sich zu Hause an
die Wand gepinnt! [72]

Das war nun wahrlich seltsam. Nicht gerade ein Befund, wie
ihn sich Sokrates gewünscht hätte. Vielen Forschern erschien
die Sache so abwegig, sie konnten es kaum glauben. Na gut,
dass es manchmal nicht schaden kann, auf den Bauch zu hören
und spontan zu entscheiden, das mochte man ja noch einse-
hen. Aber dass es regelrecht in die Irre führt, wenn man über
eine Sache nachdenkt, bevor man sich entscheidet, das ging gegen jede Vernunft!

Also wiederholte man den Versuch rauf und runter. Doch egal, wofür sich die Leute entscheiden sollten, ob es sich dabei um eine Frühstücksmarmelade[73], ein Seminar an der Uni[74] oder eine Hautcreme[75] handelte, stets stellte sich heraus: Mehr Analyse führt nicht unbedingt zu einer besseren Wahl. Im Gegenteil, in vielen Fällen ist es besser, nicht lange zu grübeln und einfach auf den Bauch zu hören.

Als man Basketballexperten bat, vor einer Meisterschaft Wetten abzugeben, wer welches Spiel gewinnen würde, ergab sich das gleiche Muster. Die einen sollten ihre Vorhersagen begründen, die anderen durften spontan draufl_swetten. Wie üblich lagen die Spontanentscheider richtig, während die Grübler ihr Geld verloren hätten.[76]

Man reibt sich die Augen, fragt sich, was das Ganze soll. Wozu haben wir eigentlich unseren Verstand? Sollten wir uns die Aufklärung umsonst geleistet haben? Unseren Kindern liegen wir mit dem gut gemeinten Rat in den Ohren, sie sollten doch öfters mal ihren Grips anstrengen. Und nun legen uns handfeste Experimente und Max-Planck-Direktoren das Gegenteil nahe: Wenn es wirklich darauf ankommt, sollten wir uns bloß nicht auf den Verstand verlassen, sondern auf den Bauch!

Ist der Verstand etwa dümmer, als wir gedacht haben? Um die Antwort kurz zu machen: Ja, das ist er. Nur, so darf ich das natürlich nicht stehen lassen. Wissenschaftlich korrekt müsste es heißen: Die bewusste Ratio ist begrenzter, als wir glauben.

Andererseits ist auch die Intuition nicht gerade perfekt. Es kann deshalb nicht schaden, sich einmal genauer anzusehen, wo die Stärken und Schwächen der beiden liegen.

Der Verstand schafft nur 50 Bits

Der letzte Schritt der Vernunft ist anzuerkennen,
dass es unendlich viele Dinge gibt, die über sie hinausgehen.

Blaise Pascal, *Gedanken*

Lassen wir dem Verstand den Vortritt. Die Schwäche der Ratio liegt in ihrer beschränkten Kapazität. Der bewusste Verstand wird nur mit einer äußerst geringen Informationsmenge fertig – sobald diese kritische Grenze überschritten ist, und das ist schnell der Fall, ist er überfordert und bricht zusammen.

Als das Computerzeitalter begann und man auch das menschliche Gehirn für einen Computer hielt, versuchte man, die Informationskapazität des Bewusstseins in Zahlen auszudrücken, genauer gesagt: in Bits, den Basiseinheiten der Information (das Wort kommt von »**bi**nary digi**t**«, Binärziffer, binär heißt »aus zwei Einheiten bestehend«).

Mit einem Bit kann ich in einem Computer zwei Zustände ausdrücken: ja oder nein, an oder aus, wahr oder falsch, 0 oder 1. Mit zwei Bits kann ich schon vier Zustände codieren: 0 und 0, 0 und 1, 1 und 0 sowie 1 und 1. Mit zwei Bits kann ich also eine Datenmenge von $2^2 = 4$ Informationen speichern, oder, allgemein gesagt: Mit x Bits kann ich 2^x Informationen repräsentieren. Enthält ein Alphabet 32 Buchstaben, so besteht jeder einzelne Buchstabe aus 5 Bits: $2^5 = 32$.

Die Erfindung des Bits war praktisch, weil man damit eine Maßeinheit für die Datenmenge eines »Systems« hatte, sei das System ein Computer, ein Gehirn oder ein Alphabet. Sie alle ließen sich nun auf einen Nenner – eine Zahl – bringen.

Um die Kapazität des Gehirns zu ermitteln, schätzte man, mit wie vielen Zellen unsere Sinnesorgane ausgestattet sind und wie viele Signale diese Sinneszellen an das Gehirn weiterleiten. Die Zahlen, die dabei herauskamen, sind astronomisch. Der dänische Wissenschaftsautor Tor Nørretranders hat sie in seinem Buch *Spüre die Welt* zusammengefasst. Demnach schicken die Augen pro Sekunde *mindestens* 10 Millionen Bits an das Gehirn, die Haut etwa eine Million, die Ohren 100 000, der Geruchssinn weitere 100 000 und der Geschmackssinn nochmal 1000 Bits – alles in allem mehr als 11 Millionen Bits, die Sekunde für Sekunde in unserem Hirn eintreffen, und das ist noch eine sehr vorsichtige Schätzung.

Nur ein Bruchteil dieser Informationen, die in unser Gehirn dringen, schafft es bis ins Bewusstsein. Mit anderen Worten: Wir erleben nur einen winzigen Ausschnitt der Informationen, die unser Gehirn verarbeitet. Hirnforscher schätzen, dass uns weniger als 0,1 Prozent dessen, was das Gehirn tut, aktuell bewusst wird.[77]

Man hat auch versucht, den Arbeitsspeicher des bewussten Verstands in Bits zu erfassen. Er erwies sich als erschreckend klein. Beim Lesen dieses Satzes etwa verarbeiten Sie nicht mehr als 45 Bits pro Sekunde. Beim Rechnen sinkt die Zahl auf 12 Bits. Insgesamt bewältigt unser bewusster Verstand maximal 50 Bits pro Sekunde.

Auch wenn diese Zahlen nicht das Maß aller Dinge sind: Sie geben uns einen Eindruck von dem gewaltigen Kapazitätsunterschied zwischen dem Unbewussten und dem bewussten Verstand. Freud und andere haben unseren Geist mit einem Eisberg verglichen, dessen Großteil sich unter der Wasseroberfläche befindet, im Unbewussten, während nur die Spitze, das Bewusstsein, herausragt. Das Bild scheint wohl eher noch eine Untertreibung zu sein.

Obwohl der bewusste Verstand sich also gern für etwas Besseres hält, kommt er, im Vergleich zum Unbewussten, nur mit minimalen Datenmengen klar. Das ist seine Achillesferse.

Selbstverständlich hat der Verstand auch seine Vorzüge. Einer davon ist seine Präzision. Der Verstand ähnelt einem Scheinwerferlicht, das einen Punkt im Raum klar beleuchten kann, wie zum Beispiel das Gesicht eines Schauspielers. Jedes Detail des Gesichts wird sichtbar. Die Bühne aber und der ganze Rest des Theaters bleiben im Dunkeln. Unser bewusstes Denken ist zwar fokussiert, verliert aber durch seine Fixierung aufs Detail schnell das große Ganze aus dem Auge.

Dabei macht es einen fatalen Fehler: Der Verstand geht still-schweigend davon aus, dass das, was er beleuchtet, alles ist, was es gibt. Er gleicht dem Mann, der nachts unter einer Laterne seinen verlorenen Hausschlüssel sucht. Ein Passant kommt vorbei und fragt ihn, ob er denn sicher sei, dass er seinen Schlüssel just unter der Laterne verloren habe. »Das bin ich nicht«, entgegnet der Mann, »aber das hier ist der einzige Ort, an dem ich was sehen kann.« Der Unterschied zwischen dem Verstand und dem Mann ist nur: Der Verstand hat keine Ahnung, dass außerhalb seines Lichtkegels noch eine ganze Welt existiert. Er hält die beleuchtete Welt, seine Welt, fürs Ganze. Kein Wunder also, dass er sich so maßlos überschätzt.

Das Unbewusste dagegen, aus dem sich auch unsere intuiti-ven Urteile speisen, ähnelt eher einem schwachen Flutlicht, mit dem man zwar nicht jede Feinheit sehen kann. Was macht 349 mal 262? Sie könnten versuchen, die Aufgabe intuitiv zu lösen, aus dem Bauch heraus – und kämen doch nie zu einer Antwort. Zu einer Ungefähren vielleicht, aber nicht mehr. Prä-zision gehört nicht zu den Stärken des Unbewussten. Dafür werden die Umrisse der ganzen Bühne sichtbar. Alles wird ein bisschen beleuchtet. Diese Strategie erweist sich gerade in komplexen Situationen als Vorteil.

Zum Beispiel, wenn man aus fünf Postern das Schönste aus-suchen soll. Da der Arbeitsspeicher des Verstands beschränkt ist, sorgt er in diesem Fall nur für Verwirrung. So gerieten im Posterversuch jene, die anfingen, bewusst über die Vor- und Nachteile der Plakate zu reflektieren, schon bald an die natür-lichen Kapazitätsgrenzen des Verstands, klammerten sich in ihrer Not an einige ausgewählte Details und trafen eine schlechte Wahl. Dagegen konnten sich die Spontanentscheider auf ihr Unbewusstes verlassen, das viele Informationen in Be-tracht zog und auf diese Weise zu einem eher ganzheitlichen Urteil kam. Bei einem Poster, das man für gewöhnlich in seiner Ganzheit statt in Scheibchen genießt, ist das natürlich ein Vor-teil.

Es kommt noch ein wichtiger Punkt hinzu. Wenn mein Arbeitsspeicher begrenzt ist und ich nicht alle Aspekte einer Sache berücksichtigen kann, muss ich wählen. Da der bewusste Verstand eng an Sprache gekoppelt ist, springt er vor allem auf verbalisierbare Argumente an. Im Posterversuch mussten die Testpersonen das Für und Wider ja sogar explizit aufschreiben, also in Worte fassen. Das aber, was sich in Worte fassen lässt, ist nicht unbedingt das, wobei es bei einem Poster oder einer Erdbeermarmelade ankommt. Umgekehrt lässt sich das, worauf es ankommt, oft nicht sprachlich ausdrücken. Gerade der Versuch, die nonverbalen Bilder in Sprache zu übersetzen, führte die Leute auf ein falsches Gleis: Wie sich nämlich aus weiteren Analysen der Forscher ergab, ließen sich die Vorzüge der konkreten Katzenposter leichter verbalisieren als die der abstrakteren Gemälde von Van Gogh und Monet. So überzeugten sich die Nachdenker *sprachlich* davon, dass ihnen die Cartoons besser gefallen müssten als die Kunstwerke. Doch nur weil sich bestimmte Aspekte zufällig leichter in Worte fassen lassen als andere, heißt das noch lange nicht, dass diese Aspekte auch die Entscheidenden sind.[78]

Wenn aber schon ein Poster unseren bewussten Verstand überfordert und sich nicht in Sprache fassen lässt, wie ist das dann mit etwas richtig Komplexem, sagen wir, mit einem Menschen, den man liebt? Lässt sich ein Mensch in Sprache fassen?

Warum handeln so viele Gedichte oder Lieder von der Liebe? Weil unsere rationale Sprache nicht reicht, um auszudrücken, was wir empfinden. Käme jemand auf mich zu, der mir ins Gesicht sagen könnte, warum er seinen Partner liebt, ich weiß nicht, ich glaube, ich wäre skeptisch. Nicht, dass ich bezweifeln würde, dass er seinen Partner liebt. Nur was seine *Erklärung* betrifft, da wäre ich skeptisch. Wir können unsere Gefühle und unsere Intuition nicht eins zu eins in Sprache übersetzen, auch wenn wir in unserer Gesellschaft ständig dazu genötigt werden. Es ist zu viel für unseren kleinen Verstand. Versuchen wir es doch, wie Gigerenzers Bekannter mit seiner Pro-und-contra-Liste, kann das zwar zu einer klaren Antwort führen, die sich wunderbar begründen lässt. Ironischerweise jedoch ist sie vielleicht *gerade deshalb* falsch.

Das Herz hat seine Gründe, die der Verstand nicht kennt – auch das hat Pascal in seinen *Gedanken* gesagt. Wie gut also, dass der Mann, der die zwei Frauen liebte, so vernünftig war, auf seine Strichliste zu verzichten und stattdessen auf sein Herz zu hören.

Ein amerikanischer Traum:
Nie mehr denken müssen

Aus alledem könnte man den Schluss ziehen, dass wir endlich mit dem Denken aufhören und uns lieber auf unseren Bauch verlassen sollten, und selbstverständlich sind diese Schlüsse auch gezogen worden. Kürzlich zum Beispiel wieder einmal von dem New Yorker Autor Malcolm Gladwell. In seinem Buch *Blink!* (was soviel heißt wie »Blinzeln« oder »Wimpernschlag«) bringt Gladwell ein faszinierendes Beispiel für die »Macht des Moments«.

Die Geschichte spielt in den 1980er Jahren rund um das Getty-Museum in Los Angeles. Dem Museum wurde damals eine griechische Statue angeboten, ein so genannter Kouros, ein gut zwei Meter großer, nackter Jüngling, der das linke Bein leicht vorstreckt. Da es nur sehr wenige solcher Statuen gibt, verlangte der Händler den stolzen Preis von zehn Millionen Dollar.

Klar, dass die Leute vom Getty-Museum erst mal alles in Bewegung setzten, um die Echtheit des guten Stücks sicherzustellen. Über ein Jahr rückten sie der antiken Plastik mit Hightech-Geräten auf den Marmorleib: mit Elektronenmikroskop, Massenspektrographie, Röntgendiffraktions- und Röntgenfluoreszenzuntersuchungen, was auch immer das sein mag. Der eindeutige Befund: Das Kunstwerk war echt. Die Oberfläche der Statue war mit einer feinen Kalzitschicht überzogen, und das war in den Augen der Experten besonders wichtig, denn Marmor verwandelt sich erst im Laufe von Jahrhunderten in Kalzit. Also her mit dem Jüngling!

Dann, kurz vor Abschluss des Kaufvertrags, warf der ehemalige Leiter des Metropolitan Museum of Art in New York einen Blick auf die Figur, und das Erste, was ihm dabei in den Sinn kam, war das Wort »frisch« – »nicht gerade das Erste, das einem beim Anblick einer zweieinhalbtausend Jahre alten Statue einfallen sollte«, kommentiert Gladwell trocken.

Andere Experten meldeten nun ebenfalls spontan Zweifel an. Den Leiter der Archäologischen Gesellschaft in Athen überfiel, als er die Statue sah, »ein Frösteln am ganzen Körper« und das Gefühl, die Statue und ihn würde »eine unsichtbare Wand trennen«.

Und tatsächlich: Weitere Nachforschungen ergaben, dass die Statue aus einer Fälscherwerkstatt in Rom stammte. Ein Geologe entdeckte, dass sich der Alterungsprozess von Marmor mit Hilfe eines Kartoffelschimmels kräftig beschleunigen lässt – so viel zur hochauthentischen Kalzitschicht. Die monatelangen Analysen der Wissenschaftler erwiesen sich als völlig wertlos.

Richtig dagegen lag eine Handvoll Kunstkenner, die in Sekundenschnelle zu einem treffsicheren Urteil gekommen waren. Und womit? Mit ihrem Gespür, ihrem Bauchgefühl, ihrer Intuition. »Ich war immer der Überzeugung, dass wissenschaftliche Analyse objektiver sei als ein ästhetisches Urteil«, zitiert Gladwell eine Getty-Kuratorin. »Jetzt muss ich feststellen, dass ich mich geirrt habe.«[79]

Für Gladwell ist damit klar: Unsere Intuition ist »intelligenter« als der Verstand. Die Kunstexperten, meint er, seien nicht zu ihrem Urteil gekommen, indem sie »die verschiedensten Beweise und Gegenbeweise gegeneinander« abgewogen hätten, sondern aufgrund einer spontanen Eingebung, die offensichtlich zuverlässiger ist als das Urteil der abwägenden Ratio. So lautet denn Gladwells Credo auf eine Formel gebracht: *Don't think, blink!*[80]

Das klingt griffig. Hört es sich nicht herrlich an, nicht mehr denken zu müssen, sondern nur noch blinzelnd durchs Leben zu gehen und dabei auch noch besser abzuschneiden? Das hat schon was, finde ich.

Leider ist der Schluss nicht ganz richtig. Obwohl ein Funken Wahrheit in Gladwells Motto steckt: Es trifft nicht den Kern der Sache und übersieht etwas für die Praxis Entscheidendes.

Mit dem Unbewussten shoppen gehen

> *Wenn ich eine Entscheidung von nicht allzu großer Bedeutung fällen musste, habe ich es immer vorteilhaft gefunden, alles Für und Wider abzuwägen. In lebenswichtigen Dingen jedoch, wie etwa der Wahl eines Partners oder eines Berufs, sollte die Entscheidung aus dem Unbewussten kommen, irgendwoher aus unserem Innern.*
>
> Sigmund Freud[81]

Wir haben das Gefühl, unsere Intuition sei blitzschnell, und oft ist sie das auch, aber nicht immer, nicht unbedingt. Im Vergleich zum Bewusstsein arbeitet das Unbewusste natürlich flott. Im Gegensatz zu den mageren 50 Bits der bewussten Ratio saugt das Unbewusste Sekunde für Sekunde Millionen von Daten in sich auf. Kein Wunder, dass es da auch schneller zu einem Urteil kommen kann.

Das heißt aber nicht, dass das Unbewusste nicht denken würde. Es heißt auch nicht, dass man immer möglichst rasch entscheiden sollte. Es zeigt nur, dass das Unbewusste schon in einem kurzen Zeitraum dem bewussten Verstand überlegen sein kann. *Würde man dem Unbewussten mehr Zeit lassen, es wäre noch viel besser.*

Das ist zwar zunächst auch nur eine Spekulation – und doch gibt es erste Anhaltspunkte, die dafür sprechen. Entdeckt hat sie der holländische Psychologe Ap Dijksterhuis, als er dem Posterversuch seines US-Kollegen Tim Wilson eine weitere Wendung gab.

Der Forscher wiederholte den Versuch, fügte aber eine dritte Variante hinzu: Eine Gruppe sollte die Plakate nun weder sofort auswählen noch sich bewusst mit ihnen auseinandersetzen.

Stattdessen zeigte der Psychologe den Leuten dieser Gruppe erst die Plakate, um sie unmittelbar danach mit einer kniffligen Sprachaufgabe abzulenken, sodass sie nicht weiter bewusst über die Poster nachdenken konnten. Danach sollten sie ihre Entscheidung treffen.

Als Dijksterhuis einige Wochen später anrief, um sich wie üblich nach den Plakaten zu erkundigen, stellte er fest: Von allen Teilnehmern bewerteten diejenigen, die er vor der Entscheidung eine Zeit lang abgelenkt hatte, die Poster am positivsten, *positiver noch als die Spontanentscheider!*

Was ging da vor sich? Den Testpersonen war, wie der Forscher vermutet, das Unbewusste zur Seite gesprungen. Während der bewusste Verstand mit der Sprachaufgabe beschäftigt war, konnten die Eindrücke der Poster in aller Ruhe zu den tieferen Schichten des Geistes hinabsteigen, wo unbewusste Prozesse eine Bewertung vornahmen. Und da die Rechenleistung des Unbewussten so viel größer als die des Bewusstseins ist, war es den »unbewussten Denkern« möglich, zahlreiche Aspekte des Posters in Betracht zu ziehen. So trafen sie die »beste« Entscheidung von allen.[82]

Das ist ein gewagter Schluss, der, wenn er denn stimmt, auch praktische Konsequenzen hätte. Denkt man die Sache zu Ende, dann müsste es sich mit der Intuition und der Ratio genau umgekehrt verhalten, als wir glauben: Weil der bewusste Verstand nur mit kleinen Datenmengen umgehen kann, mit diesen jedoch sehr präzise, müsste der Verstand bei *einfachen* Angelegenheiten und / oder bei solchen, die eine hohe Präzision erfordern, der Intuition überlegen sein – aber auch nur dann. In allen anderen Fällen täte man gut daran, die Entscheidung möglichst *nicht* mit der Ratio zu treffen. Gerade bei komplexen, schwierigen, wichtigen Problemen geraten wir ins Grübeln. Hält man sich den beschränkten Arbeitsspeicher der

Ratio vor Augen, wird klar, wie verhängnisvoll diese Strategie ist: *Nur bei einfachen Sachen sollte man bewusst nachdenken. Sobald es etwas komplexer wird, sollte man den Verstand möglichst abschalten und das Denken dem Unbewussten überlassen!*

Das ist jetzt nicht als Provokation gemeint. Im Gegenteil, weitere Versuche des Psychologen Ap Dijksterhuis legen nahe, dass es sich bei diesen Überlegungen um alles andere als um einen Scherz handelt. Übrigens sind diese Studien 2006 in dem US-Forschungsmagazin *Science* erschienen. *Science* gehört zu den renommiertesten Fachzeitschriften der Welt und zeichnet sich – jeder, der die Zeitschrift kennt, wird mir das bestätigen – durch einen hohen Grad an Humorlosigkeit aus.

Und so sehen die in *Science* veröffentlichten Versuche aus: Dijksterhuis beschrieb seinen Probanden vier Autos, von denen sie sich eins aussuchen durften, diesmal leider nur theoretisch. Eines der Autos hatte viele positive Eigenschaften: Es war neu, die Marke bürgte für einen guten Service usw. Die zwei anderen Autos lagen im Mittelfeld, während das letzte Auto einfach nur jämmerlich war: Die Schaltung war schlecht, der Wagen alt, der Service schwach, kurz gesagt, eine richtige Rostlaube.

In der ersten, einfachen Versuchsvariante bekamen die Testpersonen vier Eigenschaften pro Auto zu lesen. Insgesamt wurden sie also mit zwölf Auto-Informationen konfrontiert. Eine ziemlich einfache Sache. Dann teilte der Psychologe die Leute, wie gehabt, in zwei Gruppen. Die einen sollten bewusst über die Autos nachdenken. Die anderen wurden mit einer Sprachaufgabe abgelenkt und konnten also »nur« unbewusst nachdenken. Danach sollten alle ihre Wahl treffen. Es zeigte sich: Die bewussten Denker wählten häufig das »beste« Auto, kaum häufiger allerdings als die unbewussten Denker.

So viel zur Vorrunde. Nicht weiter spektakulär. Aber dann wurde es spannend. Im zweiten Versuch wurden die Autos nicht mehr mit je vier, sondern mit je zwölf Eigenschaften beschrieben. Somit strömten nun 48 Auto-Informationen ins Gehirn – zu viel für den bewussten Verstand, wie Dijksterhuis vermutete. Und er behielt recht: Jene Testpersonen, die bewusst über den Wagen nachdenken mussten, schnitten jetzt viel schlechter ab, sie verhedderten sich in den vielen Eigenschaften und entschieden sich für ein eher mittelmäßiges Auto. Dagegen blühten die unbewussten Denker richtig auf: Zielsicher wählten sie von allen Autos das Beste (immer davon ausgehend, dass die Meisten von uns ein neues Auto mit funktionierender Schaltung, einem guten Service usw. zu schätzen wissen und nicht auf schlechte Schaltungen und dergleichen stehen, was natürlich für sich ein gewagter Schluss ist).[83]

Das Nette ist, dass sich diese Versuche beliebig variieren lassen. So kann man die Leute *unterschiedlich lange* ablenken und damit mehr oder weniger Gelegenheit zum unbewussten Nachdenken geben. Was man dabei feststellt ist, dass Testpersonen, die man zwei Minuten ablenkt, schon recht »gute« Entscheidungen treffen. Lenkt man sie sieben Minuten ab, werden ihre Entscheidungen *noch »besser«*![84]

Das alles spricht nicht gerade dafür, fortan nur noch blinzelnd durchs Leben zu gehen und immer spontan zu entscheiden. Im Gegenteil, sich Zeit lassen, »eine Nacht drüber schlafen«, scheint die weitaus klügere Strategie zu sein. Das heißt: *Es kommt darauf an, seinem Unbewussten Zeit zu lassen – und zwar insbesondere dann, wenn man vor einer schwierigen Entscheidung steht.*

Um zu prüfen, ob sich diese Überlegungen auch in der Praxis bewähren würden, hat sich der Psychologe Dijksterhuis in einem weiteren Test vor Drogerien und Geschäfte wie Ikea gestellt und die Passanten nach ihren Einkäufen befragt: Was sie sich gekauft, wie viel Geld sie dabei ausgegeben und wie lange sie sich vorher mit ihrem Kauf auseinander gesetzt hatten.

Später rief er die Leute an, um nachzufragen, ob sie mit ihrer Ware zufrieden waren. Wieder tauchte das paradoxe Muster auf: Bei simplen Produkten, wie Shampoos, CDs oder Schuhen, waren die Meisten dann zufrieden, wenn sie vor ihrem Kauf lange bewusst nachgedacht hatten. Bei teuren und eher komplexen Sachen verhielt es sich umgekehrt: Wer über eine

Kamera, einen Computer oder eine Wohnung möglichst *nicht* nachgedacht hatte, zumindest nicht *bewusst*, war damit am Ende besonders glücklich![85]

Heißt das, ich sollte beim Häuserkauf also doch nur einmal blinzeln und den Vertrag unterzeichnen? Nein. Selbst das Unbewusste kann keine gute Entscheidung treffen, wenn Sie es nicht vorher mit den relevanten Informationen füttern. An dieser Stelle kommt der Verstand ins Spiel. Er lässt sich wunderbar dazu nutzen, sich auf dem Wohnungsmarkt zu erkundigen, nach der Lage, der Finanzierung usw. Mit anderen Worten: Der Verstand dient dazu, *sich zum Experten zu machen.* Die Entscheidung selbst jedoch sollten Sie – wenn's komplex wird – nicht mit Ihrem bewussten Verstand treffen, sondern allmählich aus Ihrem Unbewussten auftauchen lassen.

Der Grund, weshalb die Kunstkenner beim Anblick der gefälschten Statue dennoch relativ schnell zu einem treffsicheren Urteil kommen konnten, ist, *weil sie auf diesem Gebiet schon Experten waren.* Ohne das umfangreiche Wissen über antike Kunst und Skulpturen, das sie im Laufe von Jahrzehnten gesammelt hatten, hätte sich bei ihnen vermutlich gar kein Bauchgefühl eingestellt, zumindest kein Brauchbares.

Nun werden wir alle im Laufe unseres Lebens in vielen Bereichen zu Experten, in der Liebe zum Beispiel, überhaupt in Sachen zwischenmenschlicher Beziehungen. Irgendwann können wir einfach schnell entscheiden, ob ein Mensch zu uns passt oder nicht. In diesen Bereichen arbeitet die Intuition rasch und man kann sich auf sein spontanes Gefühl verlassen – was wir ja auch oft erfolgreich tun.

Und Schlangen? Warum können wir auch über Schlangen blitzschnell urteilen, und zwar richtig, auch wenn man keine Karriere als Schlangenbeschwörer von Marrakesch hinter sich hat?

Schlangen sind in der Tat ein Spezialfall. Einige sind so gefährlich, dass unsere Gene uns eine *instinktive* Abneigung gegen sie mit auf den Weg gegeben haben. Es ist geradezu Sinn der Sache, dass wir auf diesem Gebiet nicht erst durch Erfahrung, durch einen Biss also, zu Experten werden müssen. Unsere Entwicklungsgeschichte hat sozusagen die Erfahrung für uns gemacht und sie in unseren Genen niedergelegt. Zahlreiche Vorfahren haben dafür ins Gras gebissen, sodass wir es heute nicht mehr tun müssen. Das Wissen ist evolutionär erworben. Was Schlangen oder auch verdorbene Nahrung betrifft, sind wir *instinktive Experten.* Auch hier können wir unserem spontanen Gefühl – genauer: unserem Instinkt – trauen, und das tun wir ja meist ebenfalls ganz automatisch.

Obwohl sich einige auch aktiv über ihre Instinkte hinwegsetzen. Manche machen daraus sogar einen Beruf, wie Steve Irwin, *The Crocodile Hunter,* jener sympathische Tierfreak aus Australien, der Schlangen und Krokodile zu seinen besten Freunden zählte und jetzt, da ich diese Zeilen schreibe, bei Unterwasseraufnahmen am Great Barrier Reef von einem Stachelrochen ins Herz gestochen wurde und starb.[86]

In vielen Bereichen jedoch sind wir keine Experten, weder aufgrund der Gene noch aufgrund eigener Erfahrung. Auf all diesen Gebieten tut man gut daran, sich vor einer Entscheidung zum Experten zu machen – dann aber, wenn es sich um etwas Komplexes handelt, *nicht weiter bewusst über die Sache nachzudenken.*

Ich weiß, das ist leichter gesagt als getan: Man muss zwar mit dem Verstand die Informationen zusammensuchen, den Verstand jedoch zugleich davon abhalten, zu einem Urteil zu kommen. Denn das *Urteil* sollte aus dem Unbewussten kommen. Wie, bitte schön, soll das funktionieren?

Nehmen wir den Häusermarkt als Beispiel. Nachdem Sie mit dem Verstand in die Materie eingetaucht sind und sich in einen kleinen Immobilienmakler verwandelt haben, schlägt die Stunde der Intuition. Jetzt gilt es, nicht mehr bewusst zu überlegen. Nicht zu grübeln. Nur *mit sich herumzutragen.* Irgendwann wird Ihnen Ihr Unbewusstes die »Lösung« von ganz allein präsentieren – üblicherweise in Gestalt jenes Traumhauses, das gerade über Ihrem Limit liegt.

Aber was ist, wenn ich keine Lust oder einfach keine Zeit habe, mich in einen Mini-Immobilienmakler zu verwandeln? Was, wenn die Informationen zu umfangreich sind oder mir gar nicht zur Verfügung stehen? Zugegeben, das sind legitime Fragen. Sie können schließlich nicht auf jedem Gebiet zum Experten werden. Sie hätten ja sonst für nichts mehr Zeit im Leben.

Praktischerweise lässt sich der Weg zur Expertise abkürzen, was allerdings stets mit Risiken und Nebenwirkungen einhergeht. Mindestens vier Strategien stehen uns zur Verfügung:

- Erstens. Statt selbst zum Profi zu werden, wenden Sie sich an einen Profi: bei Aktien an den Investmentberater, bei der Stereoanlage mit Equalizer hören Sie auf *Stiftung Warentest*, bei Büchern auf Marcel Reich-Ranicki (alternativ: Denis Scheck) usw.

- Zweitens. Sie wählen das, was einen guten Ruf hat. Beispiel: Sie verlassen sich auf eine bekannte Marke, wie *Porsche* oder *S. Fischer*.

- Drittens. Sie wählen das, was *viele* wählen: Sie gehen in das Restaurant, das gut besucht statt chronisch leer ist. Sie kaufen ein Buch aus der Bestsellerliste. Sie machen Urlaub auf Mallorca usw.

- Viertens. Sie hören auf die persönliche Empfehlung von Freunden oder Bekannten, von denen Sie wissen, dass sie auf dem fraglichen Gebiet einen ähnlichen Geschmack haben wie Sie.

Mit all diesen Abkürzungsstrategien bauen wir *auf das Wissen/Expertentum anderer*. Das geht gut, wenn die andern wirklich Bescheid wissen und vor allem: wenn ihre Bedürfnisse mit unseren deckungsgleich sind. Andernfalls besteht die Gefahr, dass wir uns für etwas entscheiden, mit dem zwar der Literaturkritiker oder der Durchschnittsmensch glücklich geworden wäre, wir aber nicht.

Um es kurz zusammenzufassen:

- In einfachen Fällen (bei Seifen, Schuhen usw.) können Sie alles mit Ihrem Verstand erledigen, sowohl das Sammeln der – eher wenigen – Daten als auch das Treffen der Entscheidung selbst.

- Sobald es komplex wird (Autos, Immobilien, die Wahl des Urlaubsorts …), stehen Ihnen zwei Optionen zur Verfügung. Entweder Sie setzen zunächst Ihren Verstand dazu ein, um sich zum Experten zu machen, lassen die Informationen sacken und warten auf das Urteil Ihres Unbewussten. Oder Sie greifen zu einer der Abkürzungsstrategien, was zwar ökonomisch, aber mit Risiken behaftet ist.

Ich persönlich mache es so, dass ich bei allen komplexen, für mich jedoch nicht so wichtigen Entscheidungen auf Abkürzungen setze: Ich habe einfach keine Lust, meine Freizeit mit der Begutachtung von vollautomatischen Espressomaschinen zu verbringen, also habe ich mir neulich die Maschine gekauft, die bei *Stiftung Warentest* auf Platz zwei kam (der Testsieger war mir zu teuer). In allen mir wichtigen Bereichen – und das sind gar nicht so viele – mache ich mich zum Mini-Experten. So sehe ich mir nun schon seit Jahren den Immobilienmarkt in und um Berlin an und warte immer noch auf den Kaufbefehl meines Unbewussten.

Wie uns unterschwellige Botschaften manipulieren

Kennen Sie das? Sie stehen auf einer Cocktail-Party, haben ein Glas Champagner in der Hand und unterhalten sich mit einem charmanten Gegenüber. Direkt hinter Ihnen stehen zwei Frauen, die Sie irgendwie schon mal gesehen haben. Was soll's, Sie beachten sie nicht weiter. Sie konzentrieren sich voll und ganz auf Ihren Gesprächspartner. Plötzlich horchen Sie irritiert auf: Eine der Frauen hinter Ihnen hat Ihren Namen genannt. Sie haben es genau gehört. Jetzt können Sie nicht anders: Mit einem Ohr hören Sie ständig dem Gespräch der beiden Frauen zu.

Psychologen sprechen in diesem Zusammenhang tatsächlich vom »Cocktail-Party-Effekt«. Wie ist es möglich, dass Sie Ihren Namen hören konnten, obwohl Sie das Gespräch der Frauen gar nicht beachtet haben? Es gibt dafür, neben dem Zufall natürlich, nur eine Erklärungsmöglichkeit: In Wahrheit haben Sie das Gespräch der beiden Frauen die ganze Zeit mitverfolgt, Wort für Wort für Wort, aber eben »nur« unbewusst. Ihr Unbewusstes hat Ihr Bewusstsein mit dem Gespräch verschont, weil kein Wort davon für Sie interessant war – bis Ihr Name fiel.

Der Cocktail-Party-Effekt offenbart eine wichtige Eigenschaft des Unbewussten: Das Unbewusste ist wie ein Schwamm. Es saugt alle Informationen der Umgebung in sich auf, ob wir wollen oder nicht.

Aber das Unbewusste ist mehr als ein Schwamm. Es ist intelligent: Es filtert die relevanten Informationen für uns heraus und kann denken. Das kann man von einem Durchschnittsschwamm nicht behaupten. Das Unbewusste ist ein intelligenter, denkender Schwamm.

Doch es ist noch mehr. Es handelt auch. Das Unbewusste ist ein Autopilot: Es steuert unser Verhalten und zwar – wie schon der Kartenversuch aus dem Labor von Damasio gezeigt hat – ohne uns zu belästigen, ohne uns zu fragen und ohne Rücksicht darauf, ob uns überhaupt gefällt, dass und wohin es uns steuert.

Wir haben keine andere Wahl. Hätten wir nicht diesen Co-Piloten in unserem Kopf, der uns im Alltag zur Seite steht, wir wären ganz schön aufgeschmissen. Wir wären verloren. Stellen Sie sich einmal vor, Sie müssten die Millionen Bits, die Sekunde für Sekunde auf Ihr Gehirn trommeln, alle eigenhändig auswerten. Sie würden zu nichts mehr kommen. Sie würden wahnsinnig werden. Aber zum Glück haben Sie ja Ihren mentalen Butler, das Unbewusste.

Kürzlich hat sich in einem Experiment deutscher Psychologen die enorme Saugkraft des Unbewussten gezeigt. Die Forscher setzten Testpersonen vor einen Bildschirm, auf dem ein Werbespot nach dem anderen lief. Da sie den Leuten sagten, dass man ihnen später ein paar Fragen über die Spots stellen würde, konnten sie nicht einfach innerlich wegzappen, sondern mussten sich wohl oder übel auf die Werbung konzentrieren, zum Beispiel darauf, was für ein einmaliges Erlebnis es ist, mit LTU zu fliegen.

Was ist denn das da unten? Ja, genau, sieht aus wie bei *n-tv,* nicht? Am unteren Rand des Bildschirms flimmerten die Werte von fünf fiktiven Aktien entlang. Die Testpersonen sollten die Kurse laut vorlesen, während sie die Spots verfolgten. Dabei wurden sie ausdrücklich aufgefordert, sich nicht weiter mit den Zahlen, die nur als Störreiz dienten, zu beschäftigen. Sich die Zahlen zu merken war ohnehin unmöglich: Von jeder der fünf hypothetischen Aktien fegten 15 Werte vorbei, insgesamt strömten so innerhalb von wenigen Minuten 75 Infos über den Ticker. Außerdem wussten die Teilnehmer ja, dass man sie nicht nach den Aktien, sondern nach den Werbespots befragen würde.

Natürlich fragten die Psychologen doch nach den Aktien.

Wie nicht allzu überraschend, sah sich keiner der Teilnehmer imstande, anzugeben, wie hoch ihre Werte waren. Die Zahlen, die sie nannten, waren vollkommen falsch und standen in keinem Verhältnis zum tatsächlichen Wert der Papiere.

Dann fragten die Forscher die Leute, welche Aktien ihnen gefielen, und da änderte sich plötzlich das Bild: Auf einmal wussten alle intuitiv, welche Aktien sie kaufen und von welchen sie die Finger lassen würden, und lagen damit auch goldrichtig![87]

Ein schönes Experiment – aber was besagt es genau? Der Versuch führt uns noch einmal klipp und klar die Stärken und Schwächen des Unbewussten vor Augen. Er demonstriert: Das Unbewusste ist nicht sehr präzise und kann doch 1 und 1 zusammenzählen. *Das Unbewusste komprimiert Informationen zu Intuitionen.*

Ein bisschen erinnert mich diese Vorgehensweise an die Zeit an der Uni, wenn es mal wieder galt, binnen zwei Wochen 1000 Seiten für die Physiologie-Prüfung zu büffeln. Die übliche Methode bestand dann darin, erst mal die 1000 Seiten auf 100 runterzubrechen, diese 100 Seiten wiederum zu 50 zusammenzufassen, die 50 Seiten zu einem Ultrakonzentrat von 10 Seiten zu destillieren, woraus schließlich der einseitige Spickzettel entstand.

Nur der Spickzettel gelangt ins Bewusstsein. Nachdem das Unbewusste die Informationen komprimiert hat, schickt es eine kurze, knappe Botschaft an das Bewusstsein und verschweigt die 1000 Seiten sowie die Arbeit, derer es bedurfte, um sie zusammenzufassen.

Manchmal aber verschweigt das Unbewusste nicht nur die 1000 Seiten und die Verdichtungsarbeit, *es leitet noch nicht einmal eine Botschaft an das Bewusstsein weiter.* Es fängt an, mit den Informationen ein Eigenleben zu führen. Es ändert stillschweigend unsere Einstellung oder – wie im Kartenversuch – unser Verhalten, ohne dass wir auch nur einen Hauch davon mitbekommen. Das ist meist hilfreich, manchmal harmlos, kann aber auch gefährlich werden.

Nehmen wir an, Sie kommen bei mir zu Besuch in die Potsdamer Straße in Berlin, in das weiße Gebäude mit der Aufschrift *Tagesspiegel*. Sie nehmen den klapprigen Fahrstuhl hinauf in den vierten Stock, gehen dort links den Flur entlang bis zu dem gemütlichen Büro 411, in dem ich sitze und bereits mit einem Blatt Papier auf Sie warte.

Auf dem Blatt stehen Wörter, die Sie in die richtige Reihenfolge bringen sollen, damit daraus ein vernünftiger Satz wird. Wenn nötig, dürfen Sie hier und da auch ein Wort ergänzen:

besorgt sie immer um ihn
blühen Heim Fenster die Kirschen
Ball still werfen den er
Schuh geben reparieren alt der
beobachtet langsam andern er gelegentlich
geht Park er einsam in
Himmel grau nahtlos ist der
sich zurückziehen sollte er vergesslich
vor immer Fernseher einschlafen sie
runzeln Sonne die Rosinen lässt

Fertig? Vielen Dank. Das war's auch schon. Sie dürfen wieder gehen.

Hätte man Sie bei Ihrem Hin- und Rückweg beobachtet und mit einer Stoppuhr gemessen, man wäre dabei auf etwas Bemerkenswertes gestoßen: Man hätte gemessen, dass Sie mein Büro langsamer verlassen haben, als Sie gekommen sind.

Das stellte der US-Forscher John Bargh fest, als er diesen Versuch in seinem Labor machte. Die Versuchskaninchen hatten keine Ahnung, worum es bei dem kleinen »Sprachtest« ging. Keinem fiel auf, dass die Wörter, die sie zu Sätzen zusammenmenstellen sollten, mit Wörtern wie »Heim«, »einsam«, »grau«, »vergesslich« und »runzeln« durchspickt waren – alles Wörter, die wir mit dem Thema Alter verbinden. Und doch hatten die Wörter sie auf der Stelle altern lassen, rein psychologisch natürlich und nur vorübergehend. Die Folge: Als sie den Laborraum verließen, bewegten sich die Leute langsamer als Testpersonen, deren Sprachtest keine »ältlichen« Wörter enthalten hatte![88]

Das Unbewusste funktioniert wie ein Schwamm und Autopilot zugleich: Es scannt die Umgebung nach Informationen ab und kann dann, völlig am bewussten Verstand vorbei, unser Verhalten beeinflussen. Leider lässt sich das auch gegen uns verwenden.

Die Werbeindustrie könnte, wenn sie singen wollte, ein Lied davon singen. Um nur ein Beispiel zu nennen: Dudeln französische Akkordeon-Klänge im Supermarkt, greifen wir öfter zu französischem Wein als sonst, obwohl uns das nicht bewusst ist und wir vielleicht sogar vehement abstreiten würden, dass wir uns von der Musik hätten beeinflussen lassen! Werden wir mit bayerischer Blasmusik beschallt, bevorzugen wir plötzlich einen deutschen Tropfen.[89]

Schon im Jahr 1957 hatte ein amerikanischer Marketingexperte namens James Vicary Aufsehen erregt, als er verkündete, er habe in einem Kino in New Jersey mit Hilfe von unterschwelligen, in Sekundenbruchteilen auf die Leinwand projizierten Befehlen wie »Iss Popcorn!« oder »Trink Coca-Cola!« die Kinogänger zu einem hemmungslosen Run auf Popcorn und Coca-Cola veranlasst. Ein Raunen ging durchs Land. Man war schockiert. Verunsichert. Besorgt. Doch die Sache stellte sich schon bald als Fälschung heraus, und seither gelang keinem der Nachweis, dass man mit »subliminalen« Reizen Kaufbefehle in unser Hirn schmuggeln kann wie trojanische Pferde.

Keinem, bis vor kurzem, knapp 50 Jahre später, im Jahr 2006 nämlich, eine Gruppe niederländischer Forscher noch einmal die Probe aufs Exempel machte und Testpersonen für den Bruchteil einer Sekunde die Marke eines bestimmten Eis-Tees präsentierte. Als die Forscher die Probanden anschließend fragten, ob sie lieber ein Glas Mineralwasser oder einen Eis-Tee hätten, zeigte sich: Jene, deren Unbewusstes man auf Eis-Tee eingeschworen hatte, bevorzugten tatsächlich den Eis-Tee – aber nur, wenn sie durstig waren![90]

Inzwischen zweifelt kaum noch jemand daran, dass man unser Gehirn »subliminal« (kurzer Blick in mein Nachschlagewerk *Latein für Angeber:* »sub« heißt unter, »limes« heißt Grenze, Schwelle, also unterschwellig) beeinflussen kann. Lediglich über das Ausmaß streiten sich die Geister. Lassen sich damit Kaufkommandos ins Hirn schmuggeln? Gibt es so etwas wie »Gehirnwäsche«? Oder ist das alles Unsinn, Angstmacherei?

Niemand kennt bisher die Antworten. Sicher ist: Mit dem Unbewussten steht der Werbebranche ein sperrangelweites Tor in den Kopf ihrer Konsumenten offen. Viele Experten sind der Meinung, subliminale Werbung sei eher ineffektiv. Und schließlich haben wir immer noch unseren bewussten Verstand, um den Dingen kritisch auf den Grund zu gehen. Das stimmt, und ich kann nicht behaupten, dass ich nachts schlaflos daliege in der Befürchtung, ich würde am nächsten Morgen als willenloses, subliminal mutiertes Konsummonster wiederauferstehen. Aber das Unangenehme ist ja, dass wir bei subliminaler Werbung gar nicht mitbekommen, dass gerade irgendwelche Botschaften in uns hineingeschmuggelt werden – wieso also sollten wir die Gegenmaßnahmen der Ratio aktivieren?

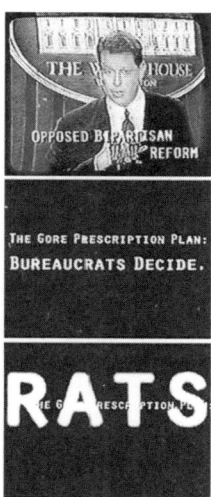

Das haben sich wohl auch die Werbestrategen von George W. Bush gedacht, als sie im Wahlkampfjahr 2000 mit subliminalen Waffen gegen ihren Widersacher Al Gore vorgingen. Sie konstruierten einen Anti-Gore-Spot, der zuerst den Kandidaten der Demokraten zeigte, gefolgt von dem Wort *Bureaucrats* (Bürokraten). Dann blitzte groß, über den ganzen Bildschirm, der letzte Teil des Wortes RATS, also Ratten, auf und verschwand wieder – so schnell, dass kaum einer es bewusst bemerkte.

Der Spot flimmerte bereits über alle Kanäle, als ein Bürger der Stadt Seattle, ein Demokrat mit Adleraugen, die Sache spitzkriegte. Irgendetwas kam ihm komisch vor. Er nahm den Film auf und spielte ihn in Zeitlupe ab – da entdeckte er das trojanische Pferd. Sofort kontaktierte er die *New York Times*, die den Skandal publik machte. Die Bush-Leute gaben sich natürlich ahnungslos, meinten, so clever seien nicht einmal sie, zogen den Spot aber trotzdem zurück. Da war er freilich schon 4000 Mal über den Äther gegangen.[91]

Das Unbewusste ist unersättlich. Seine Stärke ist seine enorme Kapazität. Was immer es in die Finger bekommt, schluckt es. Dabei ist es ziemlich unkritisch. Das ist seine Schwäche. Kritisch sein, gehört zu den Stärken des bewussten Verstandes. Der Verstand analysiert, nimmt auseinander, geht das Für und Wider einer Sache Schritt für Schritt durch und kann die vagen Botschaften der Intuition, die aus dem Dunkeln kommen, überstimmen. Das Überstimmen gehört sogar zu den Hauptaufgaben des bewussten Verstandes. Er ist ein exzellenter Hemm- und Neinsager-Apparat.

Doch um seiner Aufgabe gerecht zu werden, muss der Verstand erst einmal darüber im Bilde sein, dass es überhaupt etwas zu kritisieren und zu überstimmen gibt. Hier liegt die Krux subliminaler Beeinflussung. Ihr Effekt ist, im Vergleich zu allem, was uns noch bestimmt, wohl wirklich nicht sehr groß. Aber manchmal reichen bekanntlich ein paar Wählerstimmen, um der Welt ein anderes Gesicht zu geben.[92]

3 Entdecken Sie Ihr verborgenes Ich

> Geben Sie jemand die Chance zu fabulieren, zu erzählen,
> was er sich vorstellen kann, seine Erfindungen erscheinen
> vorerst beliebig, ihre Mannigfaltigkeit unabsehbar;
> je länger wir ihm zuhören, umso erkennbarer wird das
> Erlebnismuster, das er umschreibt, und zwar unbewusst,
> denn er selbst kennt es nicht, bevor er fabuliert –
>
> Max Frisch[93]

TEST: Was will mein Unbewusstes?

Nicht, dass Sie denken, Sie seien der Einzige, der hier ständig
als Versuchskaninchen herhalten muss. Hier sehen Sie mich,
während ich an einem Test knabbere, den man als *Picture Story
Exercise* bezeichnet und der einen Blick in die verborgenen Bedürfnisse des Unbewussten eröffnet:

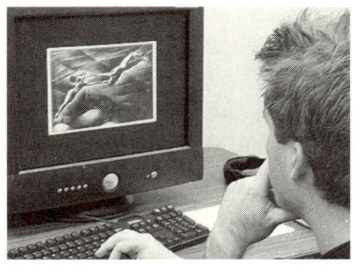

Für die Recherchen zu diesem Buch bin ich, zusammen mit
einer Kollegin – ich werde sie Cecilia nennen –, einmal um die
Welt gereist und habe diverse Labors besucht. Wir haben uns
mit den unterschiedlichsten Forschern unterhalten, meist
freundlichen und manchmal auch weniger freundlichen. Oft
durften wir den Wissenschaftlern bei ihren Experimenten über
die Schulter schauen oder, wenn möglich, selber mitmachen.

Dabei hat uns kaum ein Zwischenstopp so fasziniert wie
der in Ann Arbor, einer für amerikanische Verhältnisse kleinen, gemütlichen Studentenstadt zwischen Detroit und Chi-

cago. Hier liegt der riesige Campus der University of Michigan, einem Mekka der Psychologie, in dem auch der deutsche Psychologe Oliver Schultheiss arbeitet. Das einzige Mal auf unserer Reise haben meine Kollegin Cecilia und ich das Gefühl bekommen, man hätte unsere Seele durchleuchtet – ganz ohne Couch und ohne Hirnscanner, nur mit Oliver, seinem Computer und einigen Spezialbildern.

Ein paar dieser Bilder habe ich aus dem Labor geschmuggelt, sodass Sie den Test auch machen, sich gewissermaßen selbst auf die Couch legen und analysieren können. Vielleicht nicht ganz so präzise wie im Labor, aber darauf kommt es nicht an. Ich bin sicher: Wenn Sie den Test machen, werden Sie zumindest ein Gefühl dafür bekommen, was Ihr Unbewusstes will. Der Test ist ganz einfach. Sie brauchen lediglich einen Notizblock oder ein paar Seiten Papier sowie einen Stift und eine Uhr. Sehen Sie sich zunächst dieses Bild kurz an:

So, und jetzt legen Sie das Buch bitte zur Seite und nehmen sich maximal fünf Minuten Zeit, um die Geschichte aufzuschreiben, die Ihnen zu diesem Bild spontan in den Sinn kommt. Versuchen Sie, eine richtige Geschichte zu schreiben, in ganzen Sätzen, mit einem Anfang und einem Ende. Beschreiben Sie, wer die beiden auf dem Bild sein könnten, was sie fühlen, denken, was sie sich wünschen. Beschreiben Sie, was zu der Situation in dem Bild geführt hat und wie die Sache ausgeht. Lassen Sie Ihrer Phantasie freien Lauf!

Falls Sie diesen Absatz lesen und noch keine Geschichte geschrieben haben, weil Sie meinen »die kann ich mir ja auch im Kopf ausdenken«, so glauben Sie mir: *Das geht nicht.* Sie müssen die Geschichte aufschreiben, Sie brauchen nachher für die Analyse den genauen Wortlaut. Also, bitte!

Fertig? Gut, dann das Gleiche nochmal mit folgendem Bild:

Und noch ein letztes Mal mit diesem Bild:

Alles klar? Das Rohmaterial zum »Tiefenblick in Ihre Psyche« läge damit vor.

Der *Picture Story Exercise*, den ich von jetzt an Bildertest nennen werde, ist eines der derzeit besten psychologischen Instrumente, um die Bedürfnisse, die wir unbewusst haben, an die Oberfläche des Bewusstseins zu bringen. Nun ist uns das, was das Unbewusste will, *per definitionem* nicht bewusst. Insofern gleicht das Unterfangen, das Unbewusste bewusst zu machen, ein wenig der Quadratur des Kreises. Trotzdem lohnt sich der Versuch, denn es sind nicht zuletzt die Vorlieben, Bedürfnisse und Wünsche des Unbewussten, die uns zu der Person machen, die wir sind. Wer also wissen will, wer er im Innersten ist, sollte sein Unbewusstes kennenlernen. Nur wie? Wie nähert man sich dem Unbewussten?

Seit Sigmund Freud zerbrechen sich Psychologen darüber den Kopf. In jahrzehntelanger experimenteller Arbeit haben Forscher der Harvard-Universität im amerikanischen Cambridge dazu den Bildertest entwickelt. Mit ihm versucht man auf möglichst wissenschaftliche Weise an die Bedürfnisse des Unbewussten heranzukommen.

Wie wir diese Bedürfnisse letztlich ausleben, fällt zwar bei jedem von uns anders aus – die Bedürfnisse selbst aber lassen sich zu drei Grundkategorien zusammenfassen. Diese Kategorien lauten: *Leistung, Bindung* und *Macht.*

Um herauszufinden, ob Ihr Unbewusstes eher ein Leistungs-, Bindungs- oder Machttyp ist, müssen Sie Ihre Geschichten kurz analysieren. Nehmen Sie sich dazu am besten drei Stifte mit verschiedenen Farben. Die drei Farben stehen für die drei Kategorien Leistung, Bindung und Macht.

Mit dem ersten Stift markieren Sie bitte alle Stellen Ihrer Geschichte, die mit dem Thema *Leistung* zu tun haben. Typische Wörter, die Sie anstreichen sollten, sind: gut, besser, der Beste, schnell, effektiv, effizient usw. Typische Sätze mit Leistungsmotiven wären: Die Wissenschaftlerin arbeitete bis tief in die

Nacht, um einen effektiveren Wirkstoff für das Medikament zu entwickeln. Oder: Er wollte unbedingt schneller sein als die Titanic. Für beide Sätze bekämen Sie je einen Leistungspunkt.

Zu dem Bild mit dem Kapitän könnte eine Geschichte mit vielen Leistungsmotiven so lauten: »Kapitän Schmidt hatte das *beste* Schiff der Welt, und er wollte der *Erste* sein, der den Atlantik in acht Stunden überquert. Als das Schiff nach neun Stunden in New York anlief, war er völlig *niedergeschmettert*. Aber er würde es einen Monat später *noch einmal versuchen*.«

Sie merken schon, es kommt auf den Zusammenhang an, ob etwas als Leistungsmotiv gilt oder nicht. Das Wort *niedergeschmettert* bekommt nur dann einen Punkt für Leistung, wenn jemand niedergeschmettert ist, *weil er ein sich selbstgestelltes Leistungsziel nicht erreicht hat*. Darum geht es beim Leistungsmotiv: Man setzt sich ein Ziel, tut alles dafür, dieses Ziel zu erreichen, freut sich, wenn man es erreicht hat, und ärgert sich über alles, was einem auf dem Weg zum Ziel in die Quere kommt.

Leistungsorientierte Menschen lieben es, eine Sache zu beherrschen, um der Sache willen. Sie mögen Berufe, die es ihnen erlauben, sich ihre Ziele selbst zu setzen. Sie hassen Instruktionen und Anweisungen. Sie wollen alles auf eigene Faust herausfinden. Mehr als alle anderen brauchen sie ein klares und schnelles Feedback über die von ihnen vollbrachte Leistung.

Ein klassischer Leistungstyp ist zum Beispiel der Firmengründer: Wer sein eigenes Geschäft besitzt, hat niemanden über sich, kann tun und lassen, was er will, und das, was er erreicht, kann er in hohem Maße auf seine eigene Leistung zurückführen.

Mit dem Top-Management in großen Unternehmen haben dagegen gerade Leistungstypen so ihre Probleme: Weil sie am liebsten alles selbst machen, tun sie sich schwer damit, Arbeit an andere zu delegieren und Mitarbeiter zu motivieren – eben das, worauf es als Chef einer größeren Firma nicht zuletzt ankommt.

Die zweite Kategorie ist das Thema *Bindung* oder *Intimität*. Bei diesem Motiv steht der enge, herzliche Kontakt zu anderen Menschen im Mittelpunkt. Typische Bindungsbegriffe sind: Freund, Freundschaft, Vertrauen, unzertrennlich, zusammenhalten, einsam, verlassen, Liebe, Sehnsucht, Trennung usw. Typische Sätze wären: Sie war traurig, dass er sie verlassen wollte. Oder: Die beiden Männer freuten sich, einander nach langer Zeit wiederzusehen.

Eine Bindungsversion der Kapitänsgeschichte könnte sich so anhören: »Der Kapitän *freute sich, seinen alten Freund* unter den Passagieren *willkommen zu heißen*. Sie *unterhielten sich* und beschlossen, in *Kontakt* zu bleiben und sich regelmäßig zu *schreiben*. Der Kapitän war *am Boden zerstört*, als er zwei Monate später vom *Tod seines Freundes* erfuhr.«

Bindungsorientierte Menschen fühlen sich wohl, wenn sie *intim* mit anderen zusammen sein können. Sie nehmen besonders häufig Augenkontakt mit Menschen auf, die sie mögen. Werden sie von anderen abgelehnt, leiden sie von allen am meisten – also gehen sie solchen Leuten möglichst ganz aus dem Weg. Auch große, anonyme Gruppen sind für sie nicht besonders reizvoll. Nein, bindungsorientierte Typen blühen in Zweiersituationen oder in kleinen Gruppen auf, wo es auch wirklich zu einem zwischenmenschlichen Austausch kommt. Ein klassischer bindungsorientierter Beruf wäre zum Beispiel der des Therapeuten.

Die dritte und letzte Kategorie lautet: *Macht*. Macht heißt, Wirkung auf andere auszuüben. Wenn man der Beste sein will, nicht, um ein eigenes Leistungsziel zu erreichen, sondern um seine Mitmenschen zu beeindrucken, dann spiegelt das kein Leistungs-, sondern ein Machtmotiv. Kommt man gern mit Menschen zusammen, doch vor allem, um ihnen die Meinung zu geigen oder die Gruppe zu dominieren, dann äußert sich nicht ein Bedürfnis nach Bindung, sondern nach Macht.

Macht muss nicht negativ sein: Anderen Rat zu geben oder zu helfen, stellt ebenfalls eine Machtausübung dar. Komiker üben Macht aus, wenn sie uns zum Lachen bringen. Lehrer haben Macht, wenn sie ihren Schülern etwas beibringen. In all diesen Fällen übt man eine – positive – Wirkung auf andere aus. Beim Beruf des Therapeuten spielt das Machtmotiv ebenfalls eine Rolle: Es geht dem Therapeuten schließlich nicht nur um ein geselliges Beisammensein, er will auch etwas in seinem Klienten *bewirken.*[94]

Top-Manager und Politiker sind, was niemand überraschen dürfte, meist hochgradig machtmotiviert. Macht hat oft mit Prestige und Status zu tun. In Machtgeschichten tauchen Wörter auf wie »berühmt« oder »stark« oder »überzeugend«.

Eine (zugegebenermaßen negativ getönte) Machtgeschichte über den Kapitän könnte sich so anhören: »Der Agent wollte den Kapitän *erpressen,* der vor Jahren mal für den russischen Geheimdienst spioniert hatte. Der Kapitän versuchte den Agenten davon *zu überzeugen,* dass er ihn mit einem andern verwechselte. Als er zurück aufs Schiff gehen wollte, *schoss ihn* der Agent nieder.« Ich würde sagen, Letzteres hinterließ definitiv eine gewisse Wirkung beim Kapitän.

Ich weiß, das ist eine sehr knappe »Anleitung«. Aber es geht ja auch nur darum, dass Sie Ihre Geschichten grob auf die Motive Leistung, Bindung und Macht abklopfen und so einen ersten Eindruck davon bekommen, wohin die Bedürfnisse Ihres Unbewussten tendieren.[95] Im Verlauf des Kapitels werden Sie darauf noch weitere Hinweise erhalten.

Vielleicht jedoch fällt Ihnen jetzt schon auf, dass bei Ihnen manche Motive häufiger vorkommen als andere. Womöglich wimmelt es in Ihren Geschichten nur so vor Machtmotiven. Was bedeutet das? Ist das Ganze überhaupt seriös? Was taugt ein solcher Test? Wie hat man ihn entwickelt? Und was sagt er letztlich über mich aus? Um diese Fragen soll es in den nächsten Abschnitten gehen.

Erzähl mir eine Geschichte und ich sage dir, wer du bist

Gesetzt den Fall, man würde jemanden, der gerade stirbt vor Hunger, statt mit einem saftigen Steak mit dem Bildertest füttern: Was für Geschichten würde der wohl erzählen?

Ich weiß ja nicht, aber die Kapitänsgeschichte könnte ich mir ungefähr so vorstellen: »Bevor Dr. Schubeck an Bord ging, erkundigte er sich bei Kapitän Marinade nach dem Mittagsmenü. Stolz berichtete Kapitän Marinade, die Vorspeise bestünde in einer Auswahl zwischen einem köstlichen Carpaccio di Pesce und einem Carpaccio di Manzo. Des Weiteren wären da die herrlichen Funghi Freschi, nicht zu vergessen die Avocados con Gamberetti e Salsa Coctail, das alles vom Chefkoch höchstpersönlich zubereitet … Nachdem Kapitän Marinade Dr. Schubeck auch die Haupt- und Nachspeise geschildert hatte, betrat dieser mit einem Lächeln und wässrigem Mund das Schiff.«

Die Geschichte habe ich mir natürlich ausgedacht, und doch: Ganz aus den Fingern gesogen ist sie nicht. Als nämlich der Pionier des *Picture Story Exercise*, der Psychologe David McClelland von der Harvarduniversität, hungrigen Matrosen eines U-Boot-Stützpunktes Bilder vorlegte mit der Bitte um Geschichten, stellte sich heraus: *Je länger die Jungs nicht gegessen hatten, desto mehr Essensmotive tauchten in ihren Geschichten auf!*[96]

Da kam der Forscher auf einen genialen Gedanken: Was, fragte er sich, würde passieren, wenn man dasselbe mit Menschen macht, die nicht *physisch*, sondern *psychisch* ausgehungert sind? Zum Beispiel: Man könnte Studenten, die gerade gespannt auf das Ergebnis warten, ob sie zum Studentensprecher gewählt wurden, eine Serie von Bildern unter die Nase halten. Worüber würden diese Studenten in ihren Geschichten wohl fabulieren? Etwa darüber, Einfluss auf andere auszuüben? Gut möglich. Über Status, Kontrolle, Macht? Vermutlich. Man müsste es halt mal ausprobieren.

Was der Psychologe McClelland und seine Kollegen taten. Und dabei beobachteten sie etwas Aufschlussreiches: Bei Studenten, die auf das Wahlergebnis warteten, tauchten, wie bei den hungrigen Matrosen, bestimmte Wörter und Satzkonstellationen auffällig häufig auf. Jetzt waren es nicht Wörter, die man auf einer Speisekarte findet, sondern Wörter wie »stark«, »bekannt«, »berühmt«, »Einfluss« usw. Die Studenten waren ja auch nicht körperlich hungrig wie die Matrosen, sie waren, wenn man so will, *machthungrig*.

Die Forscher sammelten die typischen Wörter der Studentengeschichten – sozusagen die Wörter von der Speisekarte der Macht – und führten weitere Experimente durch. Sie setzten Testpersonen vor einen Fernseher, in dem mächtige, charismatische Politiker wie John F. Kennedy auftraten, und verabreichten ihnen unmittelbar danach den »Bildertest«. Abermals tauchten bestimmte Wörter überdurchschnittlich oft auf, und auch die sammelte man.

So ergab sich langsam eine immer präzisere »Kodierungsliste« für ein psychisches Bedürfnis, das man schließlich das »Machtmotiv« taufte.

Versuche wie diese führte man in allen möglichen Varianten durch. Man prüfte Menschen, die kurz davor standen, ihren IQ testen zu lassen – schon ging es in ihren Geschichten darum, schlauer, schneller, besser und effektiver zu sein als andere. Das »Leistungsmotiv« erhob sein Haupt. Erzählte man Studenten, man würde nachher ihrer sozialen Kompetenz auf den Zahn fühlen oder sie von Kommilitonen auf ihre Popularität hin beurteilen lassen, kamen in ihren Geschichten vor allem Stichwörter zum Vorschein, die um das Thema soziale Beziehungen kreisten: Es zeigte sich das, was man später das »Bindungsmotiv« nannte.

Über die Jahre hat sich so in zahlreichen Tests ein immer feineres Kodierungssystem für die psychischen Bedürfnisse, die uns unbewusst bewegen, herauskristallisiert. Diese Bedürfnisse ließen sich im Kern zu drei Kategorien zusammenfassen: eben Leistung, Bindung und Macht.[97]

Nun konnte man zum nächsten Schritt übergehen: dem eigentlichen Testen, wie Sie es eben gemacht haben. Ziel des Bildertests ist es ja, unsere unbewussten Bedürfnisse nach Leistung, Bindung und Macht ans Tageslicht zu bringen, die bei jedem von uns – wie auch der Hunger, wie die Körpergröße, wie so ziemlich alles – unterschiedlich stark ausgeprägt sein dürften.

Die Logik des Bildertests ist dabei Folgende: Lässt man jemanden den Test in einer möglichst neutralen Situation machen – er steht weder kurz vor einem IQ-Test noch hat er gerade einen Film über John F. Kennedy gesehen – und tauchen bei ihm oder ihr trotzdem bestimmte Wörter auf, die ein bestimmtes Bedürfnis spiegeln, dann gehen diese Bedürfnisse nicht auf das Konto der *Situation*, sondern auf das der *Person*: Wer in seinen Geschichten immer wieder mit Machtmotiven um sich wirft, obwohl er sich gar nicht in einer »Machtsituation« befindet, der ist vermutlich eine machthungrige Persönlichkeit. Die Geschichten, die wir erzählen, verraten uns so etwas über unsere Persönlichkeit, über die Bedürfnisse, die wir haben, und was das Faszinierende ist: *Oft kennen wir diese Bedürfnisse gar nicht so genau, bevor wir anfangen zu fabulieren.*

Mag sein, dass wir Verschiedenes essen, ein Carpaccio oder einen Hamburger – das dahinter liegende Bedürfnis ist identisch: Hunger. Mag sein, dass wir uns unterschiedlich verhalten, die dahinter liegenden psychischen Bedürfnisse können dennoch ähnlich oder sogar die Gleichen sein. Der Hunger nach Macht zum Beispiel lässt sich auf verschiedene Weise stillen: als Komiker, Politiker, Dozent, Therapeut usw. Wer ein starkes Bindungsbedürfnis hat, verbringt vielleicht viel Zeit mit seinen Freunden. Er kann das gleiche Bedürfnis aber auch zu Hause mit dem Schreiben eines Briefs, mit ausgiebigem Telefonieren oder einem Internet-Chat befriedigen. Umgekehrt sucht jemand womöglich oft die Gesellschaft seiner Mitmenschen, nicht aber um das Zusammensein als solches, sondern um sein Machtmotiv auszuleben. Mit anderen Worten: Ein und dasselbe Motiv kann sich in verschiedenen Verhaltensweisen äußern und – umgekehrt – verschiedene Motive können zu ähnlichen Verhaltensweisen führen. Mit dem Bildertest versucht man gewissermaßen hinter die Kulissen spezifischer Verhaltensweisen zu blicken und die unbewussten Bedürfnisse zu identifizieren, die uns zu unserem Verhalten antreiben. Daher bezeichnen Psychologen die Bedürfnisse als »Motive«, weil sie uns zu unseren Handlungen *motivieren*.

Kommen wir zur Auswertung: Falls Sie feststellen sollten, dass in Ihren Geschichten besonders viele Leistungsmotive auftauchen, dann bereitet es Ihnen große Freude, in irgendeiner Sache immer besser und besser zu werden, sei es im Beruf, an der Universität, im Sport oder wo auch immer. Dies – besser zu werden, sich selbst zu übertreffen – ist das Motiv, das Sie antreibt. Wahrscheinlich arbeiten Sie lieber in kleinen Firmen mit flachen Hierarchien oder gleich ganz selbständig. Sie brauchen ein hohes Maß an Autonomie. Gegängelt wird keiner gern, aber bei Ihnen ist es extrem: Sie verlieren dann jede Lust, auch nur irgendetwas zu tun. Es kommt Ihnen nämlich darauf an, Ihre Ziele *selbst* zu setzen.

Dominiert in Ihren Geschichten das Bindungsmotiv, legen Sie hohen Wert auf den engen, herzlichen Kontakt mit anderen Menschen. Sie arbeiten lieber mit einem Partner zusammen oder in einem kleinen Team als alleine. Was auch immer das Feld ist, auf dem Sie tätig sind – Hauptsache, das soziale Umfeld stimmt. Das gilt auch für Ihre Freizeit: Gute, enge Beziehungen sind entscheidend für Ihr Wohlbefinden.

Kreisen Ihre Geschichten um das Motiv Macht, sind Sie vermutlich ebenfalls sehr sozial, dabei aber spielt nicht das bloße Zusammensein die entscheidende Rolle. Sie möchten vor allem etwas in Ihren Mitmenschen auslösen. Sie wollen etwas bewirken. Vielleicht helfen oder beraten Sie gern oder leiten ein Team, sind eine Führerpersönlichkeit. Das Machtmotiv bestimmt schließlich nicht, *wie* Sie Ihren Einfluss auf andere ausüben, sondern nur *dass* Sie dies gern tun.

Warum Sie Fragebögen misstrauen sollten

Bevor wir die Sache vertiefen, wollen wir erst einmal den Kritiker in uns zu Wort kommen lassen. Er zweifelt nämlich schon die ganze Zeit. Er protestiert. Er meint: Das ist ja alles ganz hübsch und nett mit den Bildern und Geschichten, aber ich hätte da doch eine kleine Frage: Wozu das Theater? Soll das etwa wissenschaftlich sein? Wenn ich von jemand wissen will, welche Bedürfnisse er hat, sei es das Bedürfnis nach Macht, Leistung, Bindung oder was auch immer, wozu brauche ich dann überhaupt Bilder und Geschichten? Warum dieses Herumdeuteln? *Wieso frage ich die Leute nicht einfach, was sie zum Handeln bewegt?*

Lieber Kritiker, wie immer triffst du einen Punkt. Selbstverständlich kann man uns auch einfach fragen, was wir wollen und warum wir uns so und so verhalten. Dazu haben Psychologen bekanntlich ebenfalls ein Instrument entwickelt: den Fragebogen.

Das Problem ist nur, dass man mit einem Fragebogen lediglich eine dünne, eher oberflächliche Schicht unseres Ichs anspricht: den Verstand mit seiner rationalen Sprache. Viele unserer innersten Bedürfnisse jedoch lassen sich nicht in rationale Sprache fassen und somit auch nicht mit einem Fragebogen erfassen.

Einige von uns beschäftigen sich ihr ganzes Leben damit, herauszufinden, was sie wollen. Ist das nicht seltsam? Wieso tun wir uns manchmal so verdammt schwer damit, wenn wir uns doch nur fragen müssen? Offenbar ist es nicht ganz so einfach! Der Grund dafür ist: Das, was wir wollen, das, was uns im Innersten bewegt, ist uns größtenteils nicht bewusst. Viele unserer Bedürfnisse verbergen sich in Regionen des Gehirns, die nicht sprechen können – und doch bestimmen diese Hirnregionen in hohem Maße unsere Gefühle und unser Verhalten. Mit der rationalen Sprache erreicht man diese Regionen nicht.

Deshalb die Bilder. Mit Bildern aktiviert man auch Bereiche des Gehirns, an die man mit Sprache nicht herankommt. Bilder locken außerdem »Bilder« hervor. Im Bildertest reagieren wir nicht einfach nur mit rationaler Sprache, sondern mit Geschichten, Phantasien, Tagträumen, wenn man so will: mit einer Bildersprache. Auf diese Weise versucht man, die Wünsche, die sonst stumm in den unbewussten Regionen unseres Gehirns schlummern, zum Reden zu bringen und bewusst zu machen.

Allgemein gesagt, je nach Instrument, das Psychologen einsetzen, stoßen sie auf eine andere Schicht unseres Ichs. Mit einem Fragebogen stoßen sie auf unseren bewussten Verstand mit seiner rationalen Sprache. Mit dem Bildertest stoßen sie auf unser unbewusstes Ich.

Dabei ist eins natürlich klar: Wenn man unseren Verstand anspricht, dann sind unsere Antworten Verstandesantworten und damit ziemlich *exakt*. Von jeweils vier vorgegebenen Antworten a, b, c oder d immer brav eine anzukreuzen, ergibt ein exakteres Ergebnis als individuelle Geschichten zu analysieren und zu deuten. Also lehnten die meisten akademischen Psychologen den Bildertest lange als unwissenschaftlich ab und bevorzugten das exaktere, vermeintlich wissenschaftlichere Instrument, den Fragebogen.

Manche glaubten sogar – und einige glauben es immer noch –, sie müssten uns nur eine ordentliche Batterie von Fragebögen vorlegen und schon könnten sie in unserem Ich lesen wie in einem offenen Buch. Bis es zum Schock kam, besser gesagt, zu einer kleinen Serie von Schocks. Nach und nach stellte sich nämlich heraus, dass sich unser Ich mit einem Fragebogen nicht ganz so leicht erfassen lässt, wie man geglaubt hatte, schon gar nicht unser *gesamtes* Ich.

Erstens zeigte sich: Ein Fragebogen sagt nur wenig darüber aus, wie wir uns im Alltag verhalten. Jemand, den ein Psychologe aufgrund eines Fragebogens beispielsweise als »extrovertiert« einstuft, sollte eigentlich leichter neue Freundschaften schließen als eine »introvertierte« Person. Würde man doch meinen, oder? Ist aber nicht so. Wie sich ergab, lässt sich das Verhalten eines Menschen mit einem Durchschnittsfragebogen ungefähr so gut vorhersagen wie mit dem Horoskop der *Bild-Zeitung*.[98] Das war der erste Schock.

Der Zweite ließ nicht lange auf sich warten. Viele Psychologen gingen stillschweigend davon aus, dass wir Menschen in der Lage sind, uns selbst objektiv zu beschreiben. Sie meinten, wir könnten uns korrekt wahrnehmen und seien dann auch noch so offen und ehrlich, diese Wahrnehmung in einem Fragebogen eins zu eins zu Protokoll zu geben. Aber so ticken wir nicht. Wir mogeln. Wir stellen uns gern besser dar als wir sind. Doch das ist noch nicht einmal das Entscheidende. Das Entscheidende ist: *Oft wissen wir einfach nicht, warum wir uns so und so verhalten, weil die Gründe für unser Verhalten im Unbewussten liegen.*

Das belegen schon banale Beispiele. So bat man in einem Versuch Testpersonen, aus mehreren nebeneinanderliegenden Nylonstrümpfen das Paar auszuwählen, das ihnen am besten gefiel. Wie man weiß, greifen wir in einer solchen Situation bevorzugt nach Ware, die ganz rechts liegt, vermutlich, weil wir es aufgrund unserer Sprache gewohnt sind, unsere Umwelt von links nach rechts abzuscannen; und da wir uns nicht gern für das erstbeste Produkt entscheiden, wählen wir die Ware, die wir später gesehen haben und also weiter rechts liegt. Genau dieses Ergebnis kam auch diesmal heraus. Dann fragten die Forscher die Leute, was sie zu ihrer Wahl bewogen hatte. Die Antworten führten uns vor Augen, wie wenig wir manchmal unser eigenes Verhalten durchschauen. Einige meinten, sie hätten sich für die Strümpfe entschieden, weil ihnen der Strick besonders gefallen hätte, andere lobten den dünnen Stoff oder die Elastizität der Strümpfe. Der Punkt war: *In Wahrheit waren alle Strümpfe identisch.*[99]

Das heißt, man kann uns zwar ein Blatt mit Fragen vorlegen, mit dem man sich direkt nach den Gründen für unser Verhalten erkundigt. Ob jedoch unsere Antworten die wahren Gründe widerspiegeln, steht auf einem ganz anderen Blatt.

Ein dritter und vorläufig letzter Schock erschütterte die Psychologenwelt, als man schließlich anfing, die Befunde der Fragebögen mit denen des Bildertests zu vergleichen. Wieder ergab sich etwas höchst Irritierendes: Es ließ sich kein Zusammenhang zwischen den Fragebögen und dem Bildertest beobachten – selbst dann nicht, wenn beide Tests vorgaben, *ein und dieselbe Sache zu messen.* Beispiel: Jemand kann sich in einem Fragebogen als Mensch herausstellen, der Leistung liebt, während in seinen Bildertest-Geschichten kein einziges Leistungsmotiv auftaucht! In beiden Fällen geht es um Leistung und doch gibt es keinerlei Korrelation. Das ist ungefähr so, als würde man mit zwei verschiedenen Thermometern an ein und derselben Stelle einmal 20 Grad und einmal minus 10 Grad messen. Irgendwie erhofft man sich da als Forscher eine Spur mehr Konsistenz.

Kritiker des Bildertests – meist Befürworter von Fragebögen – frohlockten schon: Ist doch klar, dass es keinen Zusammenhang gibt! Wollt ihr wissen, warum? Ganz einfach: Es liegt daran, dass der Bildertest Quatsch mit Soße ist! Doch wie es scheint, hatte sich die Fragebogen-Fraktion zu früh gefreut. Allmählich nämlich kamen Befunde ans Tageslicht, die eher das Gegenteil nahelegten.

In einem Versuch gab eine Harvard-Forscherin Testpersonen einen Fragebogen, der erfassen sollte, wie kontaktfreudig sie waren: Ob sie lieber allein oder in Gesellschaft einkaufen, ein Museum besuchen, wandern oder wohnen würden. Zugleich ging die Forscherin mit dem Bildertest den unbewussten Motiven der Menschen auf den Grund. Dann drückte sie allen einen Beeper in die Hand, wie ihn auch Ärzte haben, und schickte sie in ihren Alltag zurück. Jedes Mal, wenn es piepte, sollte man kurz notieren, was man gerade tat.

Die Auswertung der Ergebnisse war ein Schlag ins Gesicht der Fragebogen-Fraktion: Anhand des Bindungsmotivs des Bildertests, nicht aber mit dem Fragebogen, hatte sich vorhersagen lassen, wie häufig jemand im Alltag mit einem anderen Menschen in Kontakt stand, sei es direkt, indem er sich in einem Gespräch befand, sei es indirekt, indem er einem Freund oder Bekannten einen Brief schrieb.[100]

Weitere Untersuchungen ergaben: Wenn ich weiß, dass jemand ein hohes Bindungsmotiv hat – gemessen mit dem Bildertest –, kann ich vorhersagen, dass sein oder ihr Gehirn beim Betrachten eines romantischen Films mit einem Anstieg des Hirnbotenstoffs Dopamin reagiert. Dopamin ist, vereinfacht gesagt, ein »Lustmolekül«, das mit guten Gefühlen einhergeht, insbesondere mit dem Gefühl des Begehrens. Ist man verliebt, wird das Gehirn von Dopamin regelrecht überflutet.[101]

Befunde wie diese legen nahe, dass man mit dem Bildertest andere, tiefere Schichten unseres Ichs erreicht als mit einem Fragebogen – und das macht den Bildertest so wertvoll.

Teilweise lassen sich mit dem Bildertest geradezu spektakuläre Prognosen erstellen. Gibt man einem Manager den Test und beobachtet man in seinen Geschichten ein ausgeprägtes Machtmotiv, riskiert man nicht viel mit der Wette, dass er schneller aufsteigen und – Jahre später – erfolgreicher im Top-Management mitmischen wird als sein Kollege mit schwächer ausgeprägtem Machtmotiv.[102] Landwirte mit hohem Leistungsmotiv im Bildertest setzen nachweislich innovativere Bewirtungsmethoden ein und erzielen höhere Erträge als ihre weniger leistungsmotivierten Konkurrenten. In einer Langzeitstudie fanden Harvard-Forscher heraus: Mit einer Bildertest-Messung des Leistungsmotivs im Alter von 31 Jahren lässt sich das Einkommen und der Berufserfolg im Alter von 41 vorhersagen.[103] Mit einem üblichen Fragebogen können Sie solche Prognosen völlig vergessen.[104]

Das soll nicht heißen, dass Fragebögen nutzlos und ihrerseits Quatsch mit Soße sind. Sie messen nur eine andere Schicht unserer Persönlichkeit als der Bildertest. Vor allem messen sie, *wie wir uns selbst sehen*. Und auch damit, mit unserem Selbstbild, lässt sich das eine oder andere voraussagen. Stimmt etwa jemand in einem Fragebogen Statements zu wie »Ich versuche oft, etwas besser zu sein als meine Kollegen«, dann wird er, wenn man ihn bittet, an einer Leistungsaufgabe teilzunehmen, wahrscheinlich mitmachen, weil das seinem Selbstbild als leistungsorientierter Mensch entspricht. Wie *sehr* er sich dabei einsetzen und wie *gut* er abschneiden wird – das lässt sich wiederum nicht mit einem Fragebogen, sondern nachweisbar besser mit dem Bildertest vorhersagen.[105]

Zwei Seelen in unserer Brust

> *»Ich« sagst du und bist stolz auf dieses Wort.*
> *Aber das Größere ist, woran du nicht glauben willst, –*
> *dein Leib und seine große Vernunft:*
> *die sagt nicht Ich, aber tut Ich.*
>
> Nietzsche, *Also sprach Zarathustra*

Eigentlich brauchte uns der akademische Streit zwischen der Fragebogen-Fraktion und den Bildertest-Befürwortern nicht großartig zu kümmern, würde er nicht etwas so Wichtiges über uns selbst offenbaren: nämlich, dass unser Ich aus unterschiedlichen Schichten besteht. Je nach Instrument, das die Psychologen einsetzen, stoßen sie auf eine andere Schicht in uns, auf ein anderes »Ich«.

Auf der einen Seite gibt es jenes Ich in uns, das uns nur allzu vertraut ist, weil es das Ich ist, das auch »Ich« sagt. Dieses Ich ist sich seiner selbst bewusst und operiert mit rationaler Sprache. Ich werde es das *Sprach-Ich* nennen. Fragt man Sie direkt: »Sind Sie gern mit Menschen zusammen? Stehen Sie auf Leistung? Sind Sie machthungrig?«, antwortet Ihr Sprach-Ich. Fragebögen füllen wir also mit unserem Sprach-Ich aus. Das Sprach-Ich ist vernünftig, orientiert sich an dem, was in unserer Gesellschaft akzeptiert ist und spiegelt, wie wir uns selbst gerne sehen würden.

Aus Sicht eines Hammers sieht alles wie ein Nagel aus. Aus Sicht eines Fragebogens gibt es nur eine Schicht in uns: das Sprach-Ich.

Unter der Ebene des Sprach-Ichs aber verbirgt sich noch ein anderes, zweites Ich. Dieses Ich ist weitgehend unbewusst. Vor allem: Es kann nicht sprechen. Es kann sich nicht *rational* artikulieren. Es spricht vielmehr *in Gefühlen, über unseren Körper, über unser Verhalten.* Das Ich ist stumm und treibt uns doch an. Es sagt nicht »Ich«, sondern tut Ich.

Da das stumme Ich nicht spricht, zumindest kein Deutsch, kann es mit einem Fragebogen nichts anfangen. Stellt man uns eine Frage, übernimmt das Sprach-Ich das Wort. Das stumme Ich schweigt. An diese Schicht unserer Persönlichkeit kommt man also mit einem Fragebogen nicht heran.

Nur über Umwegen gelingt es, etwas über das stumme Ich zu erfahren. Das versucht man mit dem Bildertest. Bezeichnenderweise sagt man in den Geschichten des Bildertests ja auch niemals »Ich« – und doch geben wir in den Geschichten etwas von unserem Ich preis, aber eben von unserem unbewussten Ich mit seinen Bedürfnissen bzw. »Motiven«.

Wie wir gesehen haben, lassen sich diese Motive in die Kategorien Leistung, Bindung und Macht unterteilen. Die Motive sind teils angeboren, werden aber entscheidend von den Erfahrungen, die wir im Laufe unseres Lebens machen, geprägt. Das fängt schon in den ersten Monaten und Jahren an, noch bevor wir sprechen können – was ein Grund dafür ist, weshalb es so schwerfällt, uns über die Motive sprachlich zu äußern. So hat sich in den Studien der Harvard-Forscher gezeigt, dass Erwachsene mit hohem Leistungsmotiv bereits als Babys besonders früh zu Sauberkeit und Reinlichkeit erzogen worden waren. Machtmotivierten Menschen hatte man dagegen schon als Kinder »alles« erlaubt.[106]

Doch nicht nur diese frühen, sondern auch spätere Erfahrungen beeinflussen unsere Motive. Man könnte das zweite Ich deshalb als *Erfahrungs-Ich* bezeichnen.[107]

Im Alltag scheinen sich unser Sprach-Ich und unser Erfahrungs-Ich auf eine Art Arbeitsteilung zu einigen. Das Sprach-Ich hat, zumindest im sozialen Alltag, das Sagen und trifft die bewussten Entscheidungen. Kommt ein Psychologe auf uns zu und fragt uns, ob wir an einem Leistungstest teilnehmen wollen, übernimmt das Sprach-Ich und sagt zum Beispiel »Na klar!«, während das Erfahrungs-Ich stumm bleibt und den Kürzeren zieht. Deshalb lässt sich eine solche Situation besser mit einem Fragebogen als mit dem Bildertest vorhersagen.

Dann jedoch, wenn sich das Sprach-Ich für etwas entschieden hat, meldet sich das Erfahrungs-Ich und unsere verborgenen Motive kommen zum Vorschein, und zwar nonverbal: über unsere Gefühle, unseren Körper, unser Verhalten.

Gefällt dem Erfahrungs-Ich die Situation, setzt es ungeahnte Energien frei: Leistungsmotivierte rackern sich in einer Leistungssituation plötzlich wie besessen an einer Aufgabe ab. Bindungsmotivierte blühen in Gegenwart eines ihnen sympathischen Menschen auf, lächeln, fühlen sich gut. Machtmotivierte ziehen alle Register, um einen Mitmenschen für sich und ihren Standpunkt zu gewinnen.

Fehlt umgekehrt dem Erfahrungs-Ich die Motivation, bleibt der Energieschub aus. Wir sind lau, lustlos, wir müssen uns dazu zwingen, das zu tun, wofür sich unser Sprach-Ich entschieden hat. *Es kommt also darauf an, dass wir uns im Alltag mit unserem bewussten Sprach-Ich möglichst für Dinge entscheiden, die unserem unbewussten Erfahrungs-Ich liegen.*

Das ist nicht immer der Fall. Im Gegenteil, oft entscheidet sich das Sprach-Ich für etwas, das dem Erfahrungs-Ich überhaupt nicht passt. Auf die Frage des Psychologen, ob Sie sich an einem Leistungstest beteiligen wollen, antwortet Ihr Sprach-Ich vielleicht, vorlaut, wie es ist: »Okay, da mach ich mit!« Hat jedoch Ihr Erfahrungs-Ich mit Leistung nichts am Hut, machen Sie sich nur mit wenig Begeisterung an die Aufgabe. Flow-Erlebnisse können Sie schon mal ganz vergessen: Nur dort, wo eine Situation den Bedürfnissen des Erfahrungs-Ichs entspricht, entsteht Flow – jenes Glücksgefühl, dass die Zeit zu verfliegen scheint und man in dem, was man tut, völlig aufgeht.[108]

Natürlich sind die Begriffe »Sprach-Ich« und »Erfahrungs-Ich« vereinfachende Kategorien.[109] Die beiden Seelen in unserer Brust lassen sich allerdings bis ins Gehirn zurückverfolgen, das heißt: mit unterschiedlichen Hirnstrukturen in Verbindung bringen, wie die Fallgeschichten neurologischer Patienten zeigen.

Eine dieser Patientinnen haben wir bereits kennengelernt: Es ist Frau S., jene Dame, die aufgrund der Verkalkung ihrer Mandelkerne keine Angst mehr empfindet. Wobei es korrekt lauten müsste: Frau S. ist die Fähigkeit der Angstkonditionierung abhanden gekommen.

Angstkonditionierung? Normalerweise kann man jeden von uns dazu bringen, beliebige Reize mit Angst zu verknüpfen. Wir lernen dann, diese Reize zu vermeiden, wie die heiße Herdplatte, auf die wir ein paarmal unsere Hand gelegt haben.

Auch ein plötzliches, lautes Geräusch ruft eine Angstreaktion hervor, und wir kommen ins Schwitzen. Würde man uns wiederholt einen bestimmten Reiz darbieten, zum Beispiel ein blaues Dia, gefolgt von einem lauten Geräusch, würden wir irgendwann beim bloßen Anblick des blauen Dias anfangen zu schwitzen. Wir sind, wie es heißt, »konditioniert«.

Der Neurologe Antoine Bechara hat auf diese Weise versucht, Frau S. zu konditionieren. Er zeigte ihr wiederholt ein blaues Dia, gefolgt von einem lauten Ton – doch irgendwie wollte es mit der Konditionierung nicht so richtig klappen. Frau S. kam zwar ins Schwitzen, wenn sie den lauten Ton hörte, aber nie, wenn der Neurologe ihr in einem Testdurchlauf das blaue Dia ohne Ton zeigte. Dabei konnte sie klipp und klar erklären, dass das blaue Dia andauernd von diesem nervtötenden Ton begleitet würde. Ihr Sprach-Ich war völlig intakt. Es war ihr Erfahrungs-Ich, das streikte. Obwohl Frau S. über den Zusammenhang *sprechen* konnte, *erfuhr* ihr Körper ihn nicht, sie *spürte* ihn nicht.

Bei Patienten, deren Hippocampus geschädigt ist, jene Hirnstruktur, die so wichtig ist für das Gedächtnis, hat man das entgegengesetzte Phänomen beobachtet. Konditioniert man diese Menschen auf ein blaues Dia, können sie sich schon wenige Minuten später an nichts mehr erinnern. Fragt man sie nach dem blauen Dia, gucken sie einen komisch an: Sie wissen von nichts. Das heißt, ihr *Sprach-Ich* weiß von nichts. Ihr Erfahrungs-Ich dagegen hat sich die Sache sehr wohl gemerkt: Präsentiert man den Patienten ein blaues Dia, geraten sie auf der Stelle ins Schwitzen.[110] Ihr Körper kennt die Bedeutung des blauen Dias, obwohl sie nicht darüber sprechen können!

Die beiden Ich gehen also auch im Gehirn getrennte Wege. Im Alltag können ihre Welten sogar himmelweit auseinander klaffen.

Manchmal geht das gar nicht anders. Wenn Ihr Sprach-Ich mit Ihrem Zahnarzt einen Termin ausmacht, vor dem Sie sich schon seit fünf Jahren drücken, dürfen Sie nicht erwarten, dass Ihr Erfahrungs-Ich sich am Tag X vor lauter Luftsprüngen gar nicht mehr einkriegt. Von Energieschüben und Flow kann keine Rede sein. Sie müssen sich zum Zahnarzt zwingen, Schritt für Schritt. Ihr Sprach-Ich bekommt keine Rückendeckung vom Erfahrungs-Ich, im Gegenteil, es handelt *gegen* Ihr Erfahrungs-Ich, das sich noch genau an die Schmerzen vom letzten Mal erinnern kann – und zwar nicht auf abstrakte Weise wie das Sprach-Ich, sondern konkret, körperlich.

Es kann aber auch passieren, dass die beiden Ich *chronisch* auseinander klaffen. Womit wir beim Kern der Sache wären. Wie wir gesehen haben, lässt sich kein systematischer Zusammenhang zwischen den Resultaten eines Fragebogens und dem Bildertest feststellen. Die Korrelation ist, wie es im Fachjargon heißt, null. Diese Nullkorrelation ist allerdings statistischer Natur. Das heißt, *im Schnitt*, über viele Testpersonen hinweg, gibt es keinen Zusammenhang zwischen beiden Tests.

Geht man näher an die Daten heran, offenbart sich ein differenzierteres Bild. Da zeigt sich, dass es auf der einen Seite Menschen gibt, deren Sprach-Ich völlig von ihrem Erfahrungs-Ich abweicht. Ein Beispiel wäre der Jura-Student, Sohn eines Richters und einer Rechtsanwältin, mit einem Staatsanwalt als Onkel, die alle von ihm erwarten, dass er sich täglich durch fünfzehn Jura-Bücher quält und lauter Einser schreibt, obwohl sein Erfahrungs-Ich Leistung und Macht zum Kotzen findet!

In einem Fragebogen stimmt sein Sprach-Ich pflichtbewusst allen Aussagen zu, die mit Leistung zu tun haben, während sein Erfahrungs-Ich beim Fabulieren im Bildertest von ganz anderen Dingen träumt.

Auf der anderen Seite gibt es auch Menschen, bei denen die beiden Ich weitgehend übereinstimmen: *Ihr bewusstes Selbstbild ist mit ihren unbewussten Bedürfnissen kongruent.* Die beiden Seelen in ihrer Brust sind im Gleichklang.

Dann aber kommt der Bulldozer namens Statistik, um radikal über alle Menschen hinwegzumitteln, sodass am Ende ein grauer Zahlenbrei übrig bleibt, aus dem sich kein Zusammenhang mehr zwischen Fragebogen und Bildertest erkennen lässt. Damit übersieht man, dass es diesen bei *einigen* Menschen durchaus gibt – und das ist ein wichtiger Punkt, denn diese Menschen fühlen sich, wie Studien zeigen, viel besser in ihrer Haut als solche, bei denen beide Ich dauerhaft im Clinch liegen.

So ging ein deutscher Forscher kürzlich dem Sprach-Ich von über 80 Managern auf den Grund und verglich es mit ihrem Erfahrungs-Ich. Das Sprach-Ich zapfte er, wie üblich, mit einem Fragebogen an. Wer Aussagen wie »Ich versuche andere zu kontrollieren, statt von ihnen kontrolliert zu werden« zustimmte, punktete beim Thema Macht. Ähnliche Statements gab es für die Themen Leistung und Bindung. Mit dem Bildertest erfasste der Psychologe die unbewussten Motive der Manager. Außerdem erkundigte er sich nach ihrem Wohlbefinden: Ob sie oft oder eher selten gute Laune hatten und wie glücklich sie sich generell fühlten.

Fünf Monate später kontaktierte er die Manager noch einmal, um zu sehen, wie es ihnen ging. Es zeigte sich: Je mehr sich die beiden Ich unterschieden, desto tiefer war die Laune der Manager in den Keller gerutscht. Ein Auseinanderklaffen der beiden Ich zum Zeitpunkt A sagt also das Wohlbefinden, besser gesagt: das Unwohlbefinden zu einem späteren Zeitpunkt B voraus.[111]

Ich kann mir vorstellen, dass kaum etwas so frustrierend ist, wie ein bewusstes Sprach-Ich, das ständig Entscheidungen trifft, die an den unbewussten Bedürfnissen unseres Erfahrungs-Ichs vorbeigehen. Wo also liegt die Wurzel dafür, dass die zwei Ich auseinander klaffen, und wie lassen sie sich in Einklang bringen?

Intermezzo: An meine machthungrige Kollegin

Übrigens: Bei mir ergab der Bildertest, brav wie ich bin, ein eher unspektakuläres Bild. Was die Motive Leistung und Bindung betrifft, kam ich auf eine gerade mal überdurchschnittliche Punktzahl, bei Macht auf einen leicht unterdurchschnittlichen Wert.[112]

Umso spektakulärer war das Ergebnis meiner Kollegin Cecilia, die mich auf meiner Recherche-Reise begleitete: Ihr Machtmotiv erreichte eine Zone, die jenseits von Gut und Böse liegt. Dabei ist sie der liebste Mensch, den ich kenne![113]

Cecilia war schockiert über den Befund – Tage später, als wir mit unserem klapprigen Mietwagen Ann Arbor verließen und auf den Highway in Richtung Chicago fuhren, grübelte sie noch immer über das Testergebnis. Es müsse, wie sie mir in einem viereinhalbstündigen Vortrag auf dem Weg nach Chicago erklärte, damit zusammenhängen, dass sie, im Gegensatz zu mir, richtige Geschichten erzählt habe, mit einem Anfang und einem Ende, Geschichten, in denen es drunter und drüber ging (das mit dem Drunter und Drüber stimmt tatsächlich!).

Sie hatte mich auch schon fast überzeugt, als ich mich in Chicago in die Hotellobby setzte und ein dickes Buch des Harvard-Psychologen David McClelland aufschlug. Es heißt *Human Motivation*. An einer Stelle berichtet der Pionier des Bildertests von einem Studenten, der sich im Seminar über sein allzu hohes Machtmotiv beklagte: Eine volle Stunde argumentierte der junge Mann, warum das Ergebnis nicht stimmen könne, und zwar so engagiert und überzeugend, dass am Ende allen Kommilitonen klar war, dass sein Machtmotiv wirklich sehr hoch sein müsse![114]

Macht. Schon allein das Wort hat einen unangenehmen Beigeschmack. Das ist einer der Gründe dafür, weshalb sich das Sprach-Ich vom Erfahrungs-Ich distanzieren kann: Manche Bedürfnisse gelten als »niedrig« oder »schlecht« oder zumindest als so verwerflich, dass sie vielleicht auf andere zutreffen mögen, nicht aber auf uns selbst. Wer stimmt schon gern einem Satz zu wie »Ich versuche andere zu kontrollieren«? Lassen sich diese Motive einem Kapitän in den Mund legen, ist das natürlich etwas ganz anderes.

Aber wie gesagt: Das Machtmotiv, das der Bildertest misst, ist nichts Böses. Im Englischen nennt man es *power motive*. Power. Klingt doch schon viel besser. Ein hohes Machtmotiv, so habe ich mir von Oliver Schultheiss versichern lassen, heißt nicht, dass man sich automatisch wie eine Kreuzung aus Nero und Hitler verhält. Eher äußert es sich in einer speziellen Form »zwischenmenschlicher Intelligenz«, wie er sagt. Menschen mit hohem Machtmotiv sind eben gut darin, andere rumzukriegen – aber auf subtile Weise, wie Oliver Schultheiss in seinen Versuchen festgestellt hat.

So bat er Testpersonen, ein Gegenüber vom Sinn oder Unsinn von Tierversuchen zu überzeugen, und nahm das Gespräch mit einer Videokamera auf. Anschließend spielte er die Aufzeichnungen unabhängigen Gutachtern vor und fragte sie, wie die Testpersonen – die natürlich alle den Bildertest absolviert hatten – auf sie wirkten.

Es zeigte sich: Die Stärke des Machtmotivs sagte überhaupt nichts darüber aus, wie *dominant* jemand erschien, wohl aber wie *überzeugend* und *kompetent*. Das wiederum hing nicht davon ab, *was* derjenige sagte, sondern *wie* er es sagte: Machtmotivierte Menschen gestikulierten von allen am meisten, hoben häufig die Augenbrauen, um zu betonen, wie wichtig dasjenige war, was sie sagten, und sprachen besonders gewandt und flüssig. Wie kleine Kennedys eben.[115]

Kurz: Dass manche Motive keinen allzu guten Ruf haben

und wir sie nur ungern in unser Selbstbild aufnehmen, ist ein Grund dafür, weshalb die beiden Ich in uns auseinander klaffen können. Aber es ist nicht die einzige und nicht die entscheidende Ursache.

Das zerrissene Ich

Sicher bin ich mir nur darin, dass wir der mit
Abstand widersprüchlichste aller Primaten sind.
Nie hat ein Tier mit einem größeren
inneren Konflikt auf dieser Erde gelebt.
Frans de Waal, Affenforscher[116]

Wieso gibt es überhaupt zwei Ich? In der Tierwelt regiert nur ein Einziges: das Erfahrungs-Ich. Bei vielen Tieren, etwa Schimpansen und Bonobos, lassen sich durchaus auch Macht- und Bindungsmotive beobachten, während man das Leistungsmotiv bei Tieren eher weniger antrifft. Was allen Tieren jedoch komplett fehlt, ist ein Sprach-Ich.

Bei Babys und kleinen Kindern regiert ebenfalls das Erfahrungs-Ich. Erst ab einem Alter von etwa anderthalb bis zwei Jahren – wenn es Ihr Kind ist, selbstverständlich viel früher – taucht die Sprache auf und das Kind beginnt, die eigenen Bedürfnisse in Worte zu fassen. Statt »ääh! ääh!« sagt es »Essen«. Wir wissen dann ein bisschen genauer, was gemeint ist.

Das ist praktisch, keine Frage, und doch haben wir die Sprache wohl nicht erfunden, um unsere innersten Bedürfnisse noch einmal in einer präziseren Form auszudrücken. Wozu auch? Schimpansen können ihre Bedürfnisse nicht in Worte fassen und kommen, soweit ich das als Außenstehender beurteilen kann, prima damit klar. Die Sprache muss also andere Funktionen haben.

Eine der zentralen Funktionen der Sprache scheint in der Koordination großer Gruppen bis hin zu Gesellschaften zu liegen. Kein Tier lebt in so großen und so komplexen Gruppen wie der Mensch mit seiner flexibel organisierten Arbeitsteilung, in der manche Mitglieder diese, manche jene Rolle übernehmen. Für eine flexible Arbeitsteilung muss man sich aufeinander abstimmen. Man muss sich *verabreden* können. Das ist ohne Sprache unmöglich.

Viele Affen koordinieren zwar ebenfalls mit Lauten die Gruppe. Sieht beispielsweise eine Meerkatze eine Schlange, stößt sie einen bestimmten Schrei aus, um ihre Kumpels zu warnen. Alle Meerkatzen richten sich dann augenblicklich auf und halten Ausschau. Für Leoparden gibt es eigens den Leopardenalarm: Ertönt er, eilen sämtliche Meerkatzen in die nächstbeste Baumkrone. Beim Adleralarm tun die Tiere das Umgekehrte: Wie Pfeile schießen sie vom Baum herunter und verstecken sich unter einem Strauch. Doof ist, wenn man als Meerkatze den Leopardenalarm mit dem Adleralarm verwechselt.[117]

Die Affenlaute lassen sich jedoch kaum mit menschlicher Sprache vergleichen: Sie gehen nie über das Hier und Jetzt hinaus. So wurde selbst nach jahrzehntelangen Feldobservationen noch nie eine Meerkatzenmutter beobachtet, die ihren Nachwuchs mit folgenden Lauten gewarnt hätte: »Pass auf, dort hinter dem Hügel wimmelt es vor Schlangen, davon wirst du dich schön fernhalten, mein Lieber!« Was immer ein Tier lernt, lernt es aufgrund *unmittelbarer Erfahrung*: Entweder, indem es selbst von einer Schlange gebissen wird oder, was die meisten Tiere bevorzugen, indem es dasselbe bei einem Artgenossen beobachtet. Das Lernen aufgrund *unmittelbarer Erfahrung* ist ja eben das, was das Erfahrungs-Ich auszeichnet.

Da ist das Sprach-Ich ganz anders. Mit Hilfe der Sprache kann man in das Gehirn eines Kindes auch »Erfahrungen« gießen, *ohne dass es diese Erfahrungen selbst machen muss.* Das Sprach-Ich erweitert die Welt des Kindes schlagartig. Vorher mussten wir immer selbst die Hand auf die Herdplatte legen (oder dasselbe als Augenzeugen beobachten), um zu wissen, dass es angenehmere Erlebnisse gibt. Wir mussten es direkt *erfahren.* Man konnte uns nicht mit den Worten warnen: »Pass auf, es gibt so etwas wie Herdplatten, davon solltest du die Finger lassen, denn …«

Da wir Menschen soziale Tiere sind, kommt es bei uns nicht zuletzt auf die *sozialen* Herdplatten an. Wir können im Grunde nur in Gruppen überleben. Ein Großteil der Regeln, die wir über die Sprache von unseren Eltern beigebracht bekommen, zielt deshalb darauf ab, uns sozialkompatibel zu machen, und das heißt im Klartext: Die eigenen Bedürfnisse zugunsten der Gruppe und der Gesellschaft zurückzustellen. Insofern ist die Sprache, wie Oliver Schultheiss vermutet, vom Ursprung her kein Instrument, um unsere Bedürfnisse *auszudrücken*, sondern eher zu *unterdrücken*. [118]

Für diese Unterdrücker-Aufgabe ist die Sprache nicht zuletzt deshalb prädestiniert, weil sie symbolisch und abstrakt ist. Ihr abstrakter Charakter hilft uns, Belohnungen aufzuschieben, zugunsten der Gesellschaft, aber auch generell zugunsten einer langfristigen Vernünftigkeit. Erst Hände waschen, dann gibt's Essen. Erst Gemüse, dann gibt's den Nachtisch. Erst zur Schule, dann gibt's die Uni. Erst die Uni, dann gibt's den Traumberuf. Die Sprache hilft, eine Belohnung wie den Nachtisch oder den Traumberuf in abstrakter Form als Fernziel vor Augen zu halten und dabei die aktuellen, konkreten Bedürfnisse und Gefühle wegzudrücken. Allgemein gesagt: Die Sprache hilft, das eigene Verhalten zu organisieren und nach einem Plan auszurichten, statt immer nur den spontanen Gefühlen zu folgen.

Der abstrakte Charakter der Sprache ist auch einer der entscheidenden Gründe dafür, weshalb es so heilsam sein kann, über seelischen Schmerz zu sprechen (Freud sprach von »Redekur«) oder zu schreiben: Man gibt dem Schmerz damit eine symbolische Form, entfernt ihn vom unmittelbaren Erleben und nimmt ihm damit den Stachel. Bildlich gesprochen: *Man transferiert den Schmerz vom Erfahrungs- ins Sprach-Ich.* [119]

Doch die Medaille hat eine Kehrseite. Man kann die Sache auch übertreiben und sich mit seinem Sprach-Ich *chronisch* über seine Bedürfnisse und Gefühle hinwegsetzen.

Das kann soweit gehen, dass wir unser Leben völlig nach dem langfristig planenden, »vernünftigen« Sprach-Ich ausrichten. Wir verfolgen ein abstraktes Ziel, das zwar sozial angesehen ist (»Ich muss ein erfolgreicher Anwalt werden«, »Ich muss Karriere machen«, »Ich muss eine gute Mutter und stets für meinen Ehemann und meine Kinder da sein«), nicht aber unseren innersten Bedürfnissen entspricht. Wir verlieren den Kontakt zum Erfahrungs-Ich. Die beiden Ich koppeln sich voneinander ab. Das Resultat ist innere Zerrissenheit und Selbstentfremdung: *Käme ein Psychologe mit einem Stapel Fragebögen und dem Bildertest vorbei, er würde zwischen den beiden überhaupt keinen Zusammenhang feststellen.*[120]

Eine typische Situation, in der sich dieses Abkoppeln beider Ich beobachten lässt, ist – neben dem Zahnarztbesuch – die Liebe. Wie viele Liebesromane gibt es, die von dem Konflikt zwischen Sprach- und Erfahrungs-Ich leben!

In der Kino-Verfilmung von Jane Austens Roman *Stolz & Vorurteil* zum Beispiel, die ich mir neulich vierzehneinhalb Mal auf DVD angesehen habe, ziehen sich die Körper der beiden Hauptfiguren, Elisabeth und Mr. Darcy, geradezu magnetisch an, obwohl sie sich mit ihrem Sprach-Ich regelmäßig fertig machen. Auf dem Höhepunkt der Geschichte stehen die beiden im strömenden Regen, im Hintergrund donnert es, und Elisabeth schreit Darcy an mit den Worten, er sei mit Sicherheit der allerletzte Mann, den sie heiraten würde – das sagt sie, während die zwei sich mit ihren Lippen so nahe kommen, dass man als Zuschauer das Gefühl hat, sie würden sich jeden Moment küssen.

Mir fällt da die Geschichte eines alten Freundes von mir ein, ich werde ihn Mark nennen. Als Mark vor Jahren seine heutige Ehefrau kennenlernte, redete er, wie nicht weiter verwunderlich, ständig von ihr. Dabei war sie jedoch immer nur eine »nette Bekannte«. Na gut, eine sehr nette gute Bekannte vielleicht, aber nicht mehr, wirklich nicht.

Wer die beiden zusammen sah, wusste natürlich sofort, was

Sache war. Mark hatte sich verliebt. Sein Sprach-Ich indes versuchte mich und alle anderen und vor allem sich selbst vom Gegenteil zu überzeugen. Und das nicht ohne Grund: »Seine« Frau war damals noch in den festen Händen eines andern.

Doch wie es halt so ist, die beiden kamen sich näher, irgendwann flogen sie sogar gemeinsam in den Urlaub nach Kalifornien, und obwohl das nun wirklich nicht mehr subtil war, versicherte mir Mark noch beim Abflug: »Verliebt? Ach was, wir fahren als Freunde!« Erst als sie aus dem Urlaub zurückkehrten, in dem es mindestens zum Kuss gekommen war, konnte sich auch Marks Sprach-Ich nicht mehr gegen die Einsicht wehren, dass er sich verliebt hatte.

Ich weiß, Geschichten wie diese gibt es wie Sand am Meer.[121] Wir erzählen sie gern, weil sie uns vor Augen führen, dass es etwas in uns gibt, das größer ist als der bewusste Verstand mit seiner rationalen Sprache und seinen gesellschaftlichen Konventionen.[122] Bis hierher ist die Welt ja auch noch in Ordnung.

Blöd wird es erst, wenn beide Ich nicht nur vorübergehend, sondern dauerhaft in verschiedenen Welten leben. Und das kommt häufiger vor, als man denkt, sonst müsste es auch im Schnitt einen Zusammenhang zwischen Fragebögen und Bildertests geben, was nicht der Fall ist. Lässt sich daran etwas ändern, und wenn ja, wie? Was zeichnet Menschen mit innerer Kongruenz aus? Und wie kommt man dahin?

Grüble nicht, träume!

Lerne denken mit dem Herzen,
und lerne fühlen mit dem Geist.
Theodor Fontane[123]

Um das herauszufinden, machten Oliver Schultheiss und sein Kollege Joachim Brunstein einen Versuch. Sie gaben einer Gruppe von Studenten folgende Anweisung: »Nachher treffen

Sie auf einen Kommilitonen, der grad ein bisschen durcheinander ist. Er hat sich bereit erklärt, seine Probleme mit Ihnen zu diskutieren. Ihre Aufgabe besteht darin, den Therapeuten zu spielen. Sorgen Sie dafür, dass er bei der Sache bleibt. Verliert er den roten Faden, unterbrechen Sie ihn. Steuern Sie das Gespräch und stehen Sie ihm mit gutem Rat zur Seite.«

Mit einem Fragebogen ermittelten die Forscher, was die Studenten von der Aussicht hielten, gleich den Therapeuten spielen zu dürfen. Mit dem Bildertest prüften sie die unbewussten Motive der Studenten.

Wie erwähnt, neigen vor allem Leute mit hohen Bindungs- und Machtwerten zur Rolle des Therapeuten, bietet sie doch die Möglichkeit, sowohl näher mit einem Menschen in Kontakt zu kommen als auch eine Wirkung auf ihn auszuüben. Und doch, direkt danach befragt, ob ihnen die Therapeuten-Aussicht gefiel, bejahten die Studenten mit hohen Macht- und Bindungswerten nicht häufiger als die andern. Umgekehrt reagierten jene mit geringem Macht- und Bindungsbedürfnis nicht sonderlich ablehnend.

Den Fragebogen hatte, wie üblich, das Sprach-Ich ausgefüllt. Dabei wusste es offenbar nichts von den Bedürfnissen des Erfahrungs-Ichs und überging sie. Also ergab sich das gewohnte Bild: Es ließ sich kein Zusammenhang zwischen dem Fragebogen und dem Bildertest feststellen. Den Studenten war offenbar nicht bewusst, ob ihnen eine Therapiesitzung Spaß machen würde oder nicht.

Erst in einem zweiten Versuch wendete sich das Blatt. Nun setzten Schultheiss und Brunstein den Studenten, bevor sie ihnen den Fragebogen gaben, zuerst einen Kopfhörer auf. Eine Stimme forderte sie auf, die Augen zu schließen und sich zu entspannen. »Stell dir vor«, sagte die Stimme, »wie dein Gegenüber nachher zu erzählen beginnt und wie du mit einem guten Ratschlag einhakst ...« Bis ins kleinste Detail schilderte die Stimme das Szenario einer Therapie und fragte die Studenten immer wieder, wie sie sich dabei fühlen würden. Ziel war es, auf diese »meditative« Weise nicht nur den bewussten Verstand, sondern auch die unbewussten Bedürfnisse anzusprechen und ins Bewusstsein zu holen. Erst nachdem die Studenten sich so die Therapiesitzung minutenlang in ihrer Phantasie ausgemalt hatten, sollten sie den Fragebogen ausfüllen.

Und da ergab sich der ersehnte Zusammenhang: Jetzt meinten die Macht- und Bindungshungrigen, sie würden sich auf die Sitzung freuen und sich entsprechend einsetzen, während die Leute mit niedrigen Macht- und Bindungswerten einsahen, dass Therapieren nichts für sie ist. Die Einstimmung hatte offenbar nicht nur den bewussten Verstand und das Sprach-Ich angesprochen, sondern auch das Unbewusste, *sie hatte eine Verbindung zum Erfahrungs-Ich hergestellt.* Die Folge: Beim Ausfüllen des Fragebogens berücksichtigten die Studenten auch ihre unbewussten Vorlieben – so ergab sich ein Zusammenhang zwischen Fragebogen und Bildertest![124]

Um es zusammenzufassen: Unser Ich besteht nicht aus einer Einheit, sondern aus mehreren Instanzen. Zwei solcher Instanzen sind das Sprach-Ich und das Erfahrungs-Ich. Das Sprach-Ich ist jenes Ich, das auch »Ich« sagt. Es ist sich seiner selbst bewusst und orientiert sich daran, was in unserer Gesellschaft angesagt und angesehen ist. Mit dem Sprach-Ich setzen wir unsere bewussten Ziele, etwa »Ich will Anwalt werden«, »Ich will Therapeut werden« usw.

Diese Ziele entsprechen allerdings nicht unbedingt unseren innersten Bedürfnissen. Um die etwas besser kennenzulernen, kann man den Bildertest machen. Damit weiß man dann schon etwas mehr, und doch: Der Bildertest verrät uns auch nicht, welcher Beruf nun ganz konkret am ehesten zu uns passen würde. Dazu können Ihnen vielleicht zwei Strategien weiterhelfen.

Erstens: Selbstbeobachtung. Anstatt sich selbst, sprich Ihr bewusstes Sprach-Ich, zu fragen, was Sie wollen, nähern Sie sich Ihren unbewussten Vorlieben eher, wenn Sie einmal versuchen, sich von außen zu beobachten und dabei auf Dinge achten wie: Fällt mir auf, dass ich gewisse Aktivitäten immer wieder verfolge, obwohl sie nicht zu meinen eigentlichen Aufgaben gehören und / oder obwohl es dafür keine äußere Belohnung gibt? Bei welcher Arbeit und welchen Tätigkeiten vergesse ich, dass ich arbeite und tätig bin? Was tue ich spontan, auch wenn mich niemand fragt oder gar zwingt, sondern offenbar einfach, weil es mir Spaß macht?

Da sich das Erfahrungs-Ich nicht *sprachlich* äußert, sondern über Ihr spontanes Verhalten und Ihre Gefühle, kommt es darauf an, eben dies, Ihr Verhalten und Ihre Gefühle, zu beobachten und über diesen Weg Schlüsse über Ihre unbewussten Bedürfnisse zu ziehen.[125]

So kann es zum Beispiel auch sein, dass Sie manchmal ein Ziel verfolgen, das Sie zwar für wertvoll halten, doch wenn Sie es schließlich erreichen, stellt sich überhaupt kein Erfolgserlebnis oder Glücksgefühl ein. Das ist eventuell ein Zeichen dafür, dass es sich bei dem Ziel »nur« um ein Ziel Ihres bewussten Ichs handelt, nicht aber um eins, das Ihren unbewussten Bedürfnissen entspricht. Die Folge ist: Sobald Sie die Sache erreicht haben, ist zwar Ihr Verstand befriedigt, Ihre Gefühle jedoch sind es nicht.[126]

Zweitens: Tagträumen. Einen anderen Weg zum Unbewussten legt der letzte Versuch von Oliver Schultheiss nahe. Er besteht darin, Phantasiereisen ins eigene Ich zu unternehmen. Grübeln Sie nicht, träumen Sie! Sie können noch so gründlich grübeln, noch so gewissenhaft nachdenken, ironischerweise aktivieren Sie damit nur Ihr Sprach-Ich und kommen also Ihren innersten Bedürfnissen aller Gründlichkeit zum Trotz keinen Deut näher. Meditativere Techniken sind dazu viel geeigneter. Statt also unsere Tagträume als albern und unseriös abzutun und lediglich das gelten zu lassen, was der Kopf sagt, sollten wir gerade bei wichtigen Zielen im Leben nicht nur auf den bewussten Verstand – und damit nur auf einen winzigen Teil unseres Ichs – hören, sondern unserer Phantasie freien Lauf lassen und das, was dabei herauskommt, ernst nehmen.

Das heißt nicht, auf den Verstand zu verzichten. Wir brauchen den Verstand, um unsere Phantasien auf ihre Verankerung in der Realität und ihre Durchführbarkeit hin zu prüfen. Nur können wir darüber, ob sich unsere Träume auch realisieren lassen, immer noch lange genug grübeln. Erst sollten wir herausfinden, worin sie überhaupt bestehen.

4 Kreativer Denken

*Der Unterschied zwischen
einem Verrückten und mir ist der,
dass ich nicht verrückt bin.*
Salvador Dalí[127]

Das turbulente Gefühlsleben kreativer Genies

Vor vielen Jahren ging ich als Student nach Boston. Im Frühling 1994 besuchte ich dort auch ein Seminar von Marvin Minsky am MIT. Minsky gehört zu den Gründungsvätern der Künstlichen Intelligenz, kurz KI genannt, jener Disziplin, die in den 1950er Jahren auszog, den Computern das Denken beizubringen. Damals war Minsky davon überzeugt, er würde das Problem in wenigen Jahren gelöst haben. Wir könnten dann von Glück reden, wenn uns die Roboter noch als Haustiere halten würden!

Als ich – rund vierzig Jahre später – ans MIT kam, hatten die Roboter dort in etwa den IQ einer Kakerlake; Minskys Projekt schritt also unaufhaltsam voran.

Zwei, drei Wochen vor dem Seminar rief ich Minskys Sekretärin an und fragte sie, wie ich mich am besten auf das Seminar vorbereiten könne. Sie sagte: »Es gibt ein Buch, das müssen Sie unbedingt gelesen haben. Wenn Sie das nicht kennen, können Sie den Kurs vergessen.« Die Sekretärin spürte meinen Schreck, beruhigte mich jedoch gleich mit den Worten, es sei ja nur ein einziges Buch, auf das es ankäme. »Und welches Buch ist das?«, fragte ich. »*The Society of Mind*«, sagte sie. *The Society of Mind!* Warum war ich nicht selbst darauf gekommen?

Also las ich *The Society of Mind* (deutscher Titel: *Mentopolis*), Minskys erstes populärwissenschaftliches Buch. Kein Buch im herkömmlichen Sinne, sondern eine originelle Ansammlung einzelner Seiten. Minsky arbeitet darin die Idee aus, dass sich unser Geist aus Bausteinen zusammensetzt, die alle für sich dumm und geistlos sind, in ihrer Interaktion aber etwas Intelligentes und Geistreiches hervorbringen. So wie auch ein einziges Neuron nicht gerade clever ist; erst wenn es mit Tausenden oder Millionen von Kollegen zu einem Gehirn verschaltet wird, produziert es mehr oder weniger kluge Dinge.

Inzwischen haben es Minskys Studenten nicht mehr so leicht wie ich, sie müssen nämlich neben *The Society of Mind* noch ein zweites Buch lesen: *The Emotion Machine*.[128] Minskys neues Buch, 2006 erschienen. Es handelt davon, warum die Roboter immer noch nicht denken und uns als Haustiere halten können. Minskys Antwort zeigt, wie weit die emotionale Wende bereits um sich gegriffen hat: Es liegt daran, sagt der KI-Papst, dass die Maschinen *keine Gefühle kennen*, wobei Gefühle für Minsky nichts weiter sind als *verschiedene Arten zu denken.*

Darum geht es auch in diesem Kapitel. Es geht um die Frage, welche Rolle die Gefühle für das Denken und die Kreativität spielen. Die Stoiker meinten, Gefühle seien »Denkfehler«, und davon sind auch die meisten KI-Experten lange ausgegangen; zumindest spielten sie in ihren Augen für die kognitiven Prozesse, die sie simulieren wollten, keine Rolle.

Inzwischen muss man umdenken.[129] Wenn man sich einmal ansieht, wie Gefühle »funktionieren«, wie wir es am Ende von Kapitel 1 getan haben, dann wird schnell klar, dass sich das Denken ohne Gefühle gar nicht richtig entfalten kann. Eine gewisse *sterile* Form des Denkens mag auch ohne Gefühle möglich sein. Gerade *kreatives* Denken jedoch ist entscheidend auf die Gefühle angewiesen – und nicht nur auf die Gefühle, sondern im weitesten Sinne auf »das Irrationale« in uns. Umgekehrt steht allzu viel Verstand / Vernunft der Kreativität eher im Wege.

Aber warum sollte das so sein? *Wie* bringen Gefühle und »das Irrationale« die Kreativität auf Trab? Und wie kann diese Behauptung belegt werden?

Eine Möglichkeit ist, sich das Leben, die Psyche und die Gefühlswelt jener Menschen anzusehen, die als besonders kreativ gelten. Wenn es wirklich so ist, dass die Gefühle ein Motor der Kreativität sind, dann könnte man auch erwarten, dass die Gefühlswelt kreativer Menschen irgendwie anders als üblich ist, anders als das, was wir als »normal« bezeichnen – vielleicht abwechslungsreicher, heftiger, mit einem Wort: intensiver. Außerdem müssten kreative Menschen mehr Kontakt zu jenen Kräften haben, die wir für gewöhnlich als »irrational« abtun.

Lassen sich diese Indizien tatsächlich beobachten? Ich glaube schon. Jeder kreative Mensch ist natürlich auf seine Art kreativ, aber ein turbulentes Gefühlsleben scheint gerade bei den Kreativen überdurchschnittlich oft eine Rolle zu spielen. Wenn Sie also manchmal den Eindruck haben sollten, in Ihrer Gefühlswelt ginge es drunter und drüber, dann sind Sie in guter Gesellschaft: Emotionale Stürme sind, wie wir in diesem Kapitel sehen werden, geradezu ein Markenzeichen kreativer Genies.

Nun könnte man meinen, ein turbulentes Gefühlsleben sei vielleicht typisch für jene Kreativen, bei denen es ohnehin mehr aufs Gefühl als aufs rationale Denken ankommt, wie bei Musikern oder Dichtern. Das stimmt. Es stimmt, dass Dichter – mehr noch als Musiker – besonders stark von Stimmungsschwankungen betroffen sind. Sie sind aber nicht die Einzigen. Das Verblüffende ist, dass man häufig etwas ganz Ähnliches bei Menschen beobachtet, die wir eher als »rationale« Genies bezeichnen würden, wie Naturwissenschaftler oder, womöglich noch ein Tick rationaler, Mathematiker.

Sehen wir uns deshalb zunächst – beispielhaft – einen Mathematiker an, um uns danach den Musikern und Dichtern zuzuwenden.

Der Mathematiker: Norbert Wiener

Wenn man durch die Flure des MIT geht, springen einem sofort die Plakate von den Geistesgrößen des Instituts ins Auge, mit denen die Wände dort geschmückt sind. Das auffälligste Plakat zeigt einen Mann mit einer dicken, runden Brille und einem kleinen, spitzen Bärtchen – es ist Norbert Wiener (1894 bis 1964).

Noch heute erzählt man sich auf dem Campus des MIT Anekdoten über Wiener. Wiener, das Genie. Wiener, das Phänomen. Da Wiener die typischen Ingredienzien eines kreativen Menschen besaß, möchte ich hier kurz seine Geschichte erzählen.

Norbert Wiener war ein begnadeter Mathematiker. Mit seiner »Kybernetik« wurde er in den 1940er und 1950er Jahren außerdem zu einem Vordenker der Roboterforschung und KI. Bekannte Begriffe der Kybernetik sind der des »Regelkreises« und »Feedbacks«.

Das lässt sich am besten an einem Beispiel wie dem Thermostat verdeutlichen. Mit einem Thermostat kann man die Temperatur eines Raums, etwa Ihres Wohnzimmers, so regeln, dass sie konstant angenehme 20 Grad beträgt. Ein Messfühler registriert die Zimmertemperatur und vergleicht diesen »Ist-Wert«, sagen wir 18 Grad, mit dem von Ihnen gespeicherten »Soll-Wert« von 20 Grad. Liegt der Ist-Wert unter dem Soll-Wert, wird so lange die Heizung angeworfen, bis beide

Werte im Einklang sind. Da der Thermostat ständig über die Raumtemperatur und damit auch über die Konsequenzen seiner Aktionen informiert wird (»Feedback« oder Rückmeldung), wird nicht blind vor sich hingeheizt, bis sich Ihr Wohnzimmer in eine Sauna verwandelt hat, sondern die Temperatur bleibt stabil bei dem vorgegebenen Soll-Wert.

Inzwischen gehört das Wort »Feedback« fast zum allgemeinen Sprachgebrauch – es war nur eine von Wieners zahlreichen Ideen.

Schon mit 14 kam das Wunderkind Wiener an die Harvarduniversität. Als er 18 war, promovierte er dort mit einer Doktorarbeit über Logik. Einige Jahre später ging er ans benachbarte MIT, wo er zur Legende wurde. Ex-Kollegen, selbst nicht gerade mathematische Analphabeten, schildern Wiener als mathematisches Superhirn, das wie im Rausch Formeln an die Tafel schrieb, und zwar beidhändig, mit jeder Hand verschiedene Gleichungen lösend.

Wiener rechnete so schnell und intuitiv, dass es ihm oft schwerfiel zu erklären, wie er zu seinen Lösungen kam. Kein Wunder, dass er nicht bei allen als beliebter Lehrer galt. Im »Unterricht« übersprang er meist so viele Schritte, dass die Studenten ständig nachfragen mussten, ob er die Beweisführung noch einmal vorführen könne. »Ja, natürlich!«, meinte Wiener dann fröhlich, schwieg eine Weile, um schließlich neben der Antwort an der Tafel ein kleines Häkchen zu kritzeln: Er war über einen zweiten Weg zur selben Antwort gekommen – leider wieder nur in seinem Kopf.[130]

Minsky erzählte uns, wie Studenten öfter mit einem noch ungelösten mathematischen Problem und der Bitte auf Wiener zukamen, ob er, Wiener, das Projekt vielleicht als Doktorvater betreuen würde. Wiener sah sich dann das Problem kurz an und löste es üblicherweise noch auf der Stelle.

Das war die eine Seite Wieners, die Seite, die alle bewunderten. In seinen guten Zeiten war Wiener das nervöse, hyperaktive Genie, das Gleichungen knackte wie andere Pistazien und das oft nicht wusste, wohin mit seiner Energie. Dann konnte er auf dem Campus jeden anquatschen, der vorbeikam, um ihm oder ihr von seinen Ideen zu erzählen wie ein Kind, dem man gerade ein neues Spielzeug geschenkt hat.

Das ging so weit, dass er an Wochenenden in aller Herrgottsfrühe überraschend seine Kollegen besuchte, sich bei ihnen ins Wohnzimmer setzte und darauf wartete, bis alle wach und angezogen waren, um schließlich einen Gedanken nach dem anderen zu verkünden, über die Regierung, über die Wissenschaft, über einfach alles. »Seine Einsichten waren immer faszinierend«, erinnert sich ein Kollege.[131]

In seinen freien Stunden, wenn sein Hirn nicht zur Ruhe kam, schrieb Wiener Detektivgeschichten oder Science-Fiction-Storys, die er unter dem Pseudonym W. Norbert veröffentlichte. Einmal entwickelte er die Geschichte für einen Film und schickte sie Alfred Hitchcock, ein anderes Mal verfasste er einen Roman. Als ein Verlag ihn bat, ein Buch über die Geschichte der Erfindungen von den Griechen bis zur Gegenwart zu schreiben, diktierte Wiener das Manuskript binnen wenigen Wochen – praktisch aus dem Gedächtnis.[132]

Doch auf diese produktiven, kreativen, um nicht zu sagen manischen Phasen folgte früher oder später unweigerlich der Absturz. Wieners Energie verpuffte, und an ihre Stelle trat eine tage-, wochen- oder sogar monatelange Depression, in der die Rechenmaschine in seinem Kopf zum Stillstand kam.

Entweder himmelhoch jauchzend oder zu Tode betrübt – so haben ihn seine Freunde beschrieben. »Seine Stimmung konnte blitzschnell von Euphorie zu den Tiefen dunkler Verzweiflung wechseln«, meinte einer von Wieners Studenten.[133]

»Mein Vater war nie eine Person«, erinnert sich Wieners Tochter Barbara. »Er war viele Personen, die nacheinander zum Vorschein kamen, und sie waren sehr widersprüchlich.«[134]

In einer neuen Biographie spricht die Tochter auch von den »emotionalen Stürmen« ihres Vaters, den Hochs und den Tiefs, vor allem den Tiefs, in denen Wiener meinte, er sei wertlos und die ganze Welt hätte sich gegen ihn verschworen. Oft drohte er mit Selbstmord. »Er packte einen Koffer, sagte, er gehe in ein Hotel, habe eine Pistole dabei und würde sich erschießen, weil er für ›nichts und niemand etwas tauge‹.« [135]

Wiener litt offenbar unter dem, was Psychiater als »bipolare Depression« [136] bezeichnen, einer Gefühlsstörung, bei der sich manische und depressive Phasen abwechseln. Wiener selbst hatte häufig das Gefühl, er stünde kurz davor, den Verstand zu verlieren – eine Angst, die sich noch nährte, als sein Bruder Fritz schizophren wurde und in einer psychiatrischen Anstalt landete.

Aber Wiener hat nie den Verstand verloren, was nicht nur ihn selbst, sondern auch jene, die ihm am nächsten standen, überraschte. »Ich finde es erstaunlich, dass er überlebt hat und überhaupt funktionsfähig war«, sagt die Tochter Barbara heute über ihren Vater. »Er muss sehr stark gewesen sein.« [137]

Der Equalizer, reloaded

Es gibt über Genies ein altes Klischee, das bis in die Antike zurückreicht: Es ist das Klischee von »Genie und Wahnsinn«. Um genial zu sein, heißt es, musst du auch ein bisschen meschugge sein. Wie an vielen Klischees, so ist auch an diesem etwas dran – geht man aber in die Details, wird's kompliziert.

Nehmen wir Norbert Wiener. Wiener war zweifellos genial und wurde von emotionalen Stürmen geplagt, aber war er wahnsinnig? Ich würde sagen: nein. Norbert Wiener litt unter Stimmungsschwankungen. Die jedoch gingen nicht so weit, dass er den Verstand verlor und wahnsinnig wurde. Andere würden vielleicht widersprechen und sagen: Na ja, wenn jemand regelmäßig mit einer Pistole loszieht und verkündet, er würde sich umbringen, dann halte ich das schon für wahnsinnig!

Über den Begriff »Wahnsinn« lässt sich also streiten. Psychiater nehmen den Begriff deshalb erst gar nicht in den Mund. Sie sprechen stattdessen von einer »Psychose«, wie man sie insbesondere – wenn auch nicht nur – von der Schizophrenie kennt. [138]

Die Schizophrenie besteht *nicht*, wie Viele meinen und wie es leider auch das Wort suggeriert, in einer Spaltung des Ichs (man wird zu zwei Personen). Nein, typisch für die Schizophrenie sind Halluzinationen, oft in Form von Stimmenhören und Denkstörungen wie Paranoia: Man ist etwa der Überzeugung, die CIA oder Außerirdische würden einen über die Antennen auf dem Dach des Nachbarn ausspionieren. Bei einer Schizophrenie wird das Denken im Innersten angegriffen und zersetzt. Der Punkt dabei ist: Eine Schizophrenie macht nicht genial, sondern einfach nur, ja, »wahnsinnig«.[139]

So gibt es auch nur wenige Genies, die schizophren wurden oder waren.[140] Einer der bekanntesten ist der Mathematiker John Nash (*A Beautiful Mind*), der Anfang der 1950er Jahre ans MIT kam und dort auch Wiener und Minsky kennenlernte.[141] Einige Jahre später erzählte Nash seinen Kollegen, fremde Mächte aus dem All hätten über die *New York Times* Kontakt mit ihm aufgenommen und überall auf dem Campus des MIT erschienen ihm Männer mit roten Krawatten. Nash ist einer der wenigen Mathegenies, die *wirklich* »wahnsinnig« wurden. Inzwischen hat Nash seine Krankheit weitgehend im Griff.[142]

Norbert Wiener dagegen litt »nur« unter Stimmungsschwankungen in Form einer bipolaren Depression – und auf die trifft man erstaunlich häufig bei kreativen Genies. Nun kann auch eine bipolare Depression so weit gehen, dass es zu Wahngedanken und Halluzinationen kommt[143], dann allerdings erstickt meist auch jede Kreativität.

Kurz: Bei kreativen Genies lassen sich oft Stimmungsschwankungen beobachten, die aber nur selten so weit gehen, dass es zum »Wahnsinn« kommt. Wiener ist dafür ein typisches Beispiel, und wir werden noch weitere kennenlernen.

Warum aber sollten gerade Gefühlsschwankungen so oft mit kreativer Höchstleistung einhergehen? Die Antwort ist: Gefühle sind eben nicht »Denkfehler«, sondern integraler Bestandteil des Denkens. Erinnern Sie sich noch an die kleine Equalizer-Theorie der Emotionen? Gefühle versetzen unser

Gehirn in verschiedene »Klangkonfigurationen«. Die Folge ist, dass wir je nach Gefühl / Stimmung die Welt in je anderen »Tonlagen« wahrnehmen. Unser Gehirn ist buchstäblich anders *gestimmt*. So wie sich Musik im JAZZ-Modus anders anhört als im ROCK-Modus, so sieht die Welt in den unterschiedlichen »Gefühlsmodi« verschieden aus. Einzelne Frequenzen der Wirklichkeit werden von unseren Gefühlen und Stimmungen hervorgehoben, und die Dinge erscheinen uns plötzlich anders als zuvor: Wir haben andere Gedanken, andere Ideen, sehen die Dinge anders. Auf diese Weise führen die Gefühlswechselbäder, unter denen so viele Kreative leiden, dazu, dass sie die Welt durch immer andere kognitive Brillen wahrnehmen. Und Kreativität besteht ja nicht zuletzt darin, die Dinge ein bisschen anders zu sehen und zu erleben als üblich.[144]

Der Musiker: Beethoven

Häufiger noch als Mathematiker werden Musiker von Stimmungsschwankungen geplagt. Ludwig van Beethoven war in dieser Hinsicht ein Extrem. Bei Beethoven konnten die Stimmungen so schnell wechseln, dass man den Eindruck bekommt, Beethoven hätte sich ständig in mehreren Stimmungen zugleich befunden.[145] Ob er deshalb Töne bevorzugte, um sich auszudrücken? Ob sich die Widersprüche seiner inneren Welt besser in Musik als in Worte fassen ließen?

Am schmerzlichsten tritt Beethovens Gefühlschaos in der Geschichte um seinen Neffen Karl zutage. Beethoven hasste Johanna, die Frau seines Bruders Kaspar Karl, obwohl schon zu seinen Lebzeiten das Gerücht kursierte, er sei verliebt in sie und sein Hass sei in Wahrheit eine Hassliebe. Es ist nur eines von vielen Beispielen dafür, wie schwer sich Beethovens Gefühlswelt durchschauen lässt.

Wie auch immer: Als sein Bruder starb, wollte Beethoven dessen Sohn an sich reißen und zu seinem eigenen Sohn machen. Prozess um Prozess strengte er an, um Johanna, der Mutter des Kindes, die Vormundschaft zu entziehen. Jahre später sollte er gewinnen. Zumindest rechtlich.

Denn sein Sieg glich eher einer Niederlage, und zwar für alle. Am meisten für Karl. Beethoven wollte aus dem Jungen einen genialen Pianisten machen oder zumindest einen großen Gelehrten.[146] Was Karl davon hielt – und er hielt nicht viel davon – war egal. Die Mischung aus Liebe und Gewalt muss so erdrückend für den Jungen gewesen sein, dass Karl es irgendwann nicht länger aushielt und versuchte, sich eine Kugel durch den Kopf zu jagen. Der Selbstmordversuch misslang, befreite Karl aber aus den Krallen seines ehrgeizigen Onkels. Seitdem führte er ein unauffälliges und, wie es hieß, zufriedenes Leben.

Beethoven indes tobte.

Wie er immer tobte. Ein Brief aus dem Jahr 1819, in dem es um Karl geht, zeigt, wie sprunghaft es zugehen konnte in Beethovens Gefühlswelt. Beethoven beginnt den Brief mit Schimpfkanonaden über Johanna, diese »pest-erfüllte Person«. Dann verflucht er seinen Neffen, »seine Verstocktheit, seine Undankbarkeit, seine Gemütlosigkeit«. Beethoven ärgert sich, dass Karl in der Öffentlichkeit seine Hand zurückzieht, sobald er, Beethoven, sie zu nehmen versucht. Da hat seine Geduld »ein Ende«, schreibt Beethoven und meint: »Ich hab ihn aus meinem Herzen gestoßen«, nicht ohne sich noch einmal bitterlich über Karls »schlechtes Herz« zu beklagen. »Meine Liebe zu ihm ist fort«, versichert er, und dass er nichts mehr von seinem Neffen wissen wolle!

Nur wenige Sätze später wendet sich das Blatt. Die Stimmung schlägt ruckartig um, Beethoven wird mild. »Es versteht sich von selbst«, heißt es jetzt über die eben erst abgeschlossene Schimpftirade, »dass ich nicht so denke.« Auf einmal ist es, als hätten Beethovens Gefühle eine 180-Grad-Kehrtwende gemacht und er schreibt über Karl: »Ich liebe ihn noch wie sonst ohne Schwäche.«

Doch auch diese Laune ist nicht von Dauer, die Stimmung kippt aufs Neue und etwas weiter im Satz sagt er, immer noch über Karl: »Er fällt mir zur Last.« Am Ende des Briefs hat die anfängliche Pest-Laune Beethovens Gehirn wieder fest im Griff und er schwört, er wolle Karl nie mehr sehen, »so lange ich lebe«, dieser »Taugenichts«, »dieses Scheusal«, »fort mit ihm für immer«![147]

Der Brief ist keine Ausnahme. Beethovens Stimmung konnte hin und her springen wie ein Metronom: Als würden die diversen Stimmungen eine Art Parallelleben in ihm führen und ständig darum kämpfen, die Kontrolle in seinem Kopf zu übernehmen.

Beethovens Launen machten ihn unberechenbar. Einmal verließ er urplötzlich den Landsitz eines Adligen, weil es ihn nervte, jeden Morgen gefragt zu werden, ob er sich wohl fühle. Gerichte, die ihm nicht schmeckten, warf er seinen Bediensteten an den Kopf. Seine Haushälterin bombardierte er mit Eiern, wenn diese ihm nicht frisch genug erschienen. Auf der Straße gestikulierte er so wild, sprach so laut und lachte so schallend, dass es kein Wunder war, wenn Karl sich manchmal schämte.[148]

Der österreichische Dramatiker Franz Grillparzer hat Beethoven als »wildes Tier« und »halb verrückt« bezeichnet.[149] Das mag er gewesen sein, doch wie Norbert Wiener, so war auch Beethoven nicht »wahnsinnig«. Stattdessen litt er unter starken Stimmungsschwankungen, die auch unmittelbar auf seine Musik abfärbten.[150]

Damit stand Beethoven nicht alleine. Er war nämlich nur einer von vielen Komponisten, die unter Stimmungsschwankungen litten.

Bei Robert Schumann etwa fielen die Gefühlswechsel zwar weniger abrupt, dafür aber um einiges schlimmer aus als bei Beethoven, mit manischen Phasen, in denen Schumann fast alle seine Werke schuf. Schumann stürzte sich schließlich – kurz nachdem ihm Engel »herrlichste Musik« vorgesungen hatten – in den Rhein und verbrachte die letzten Jahre seines Lebens in einer Nervenklinik. Schumann ist einer der wenigen Komponisten, die irgendwann *wirklich* wahnsinnig wurden.[151]

Die Schriftsteller: Von Goethe bis Greene

Gefühlsschwankungen können unerträglich werden, und so ist es nicht verwunderlich, dass ihre Opfer früher oder später alles dafür tun, sie loszuwerden oder zumindest ein wenig in den Griff zu bekommen.

Ein Mittel, das dazu seit jeher zur Verfügung stand, ist der Alkohol. Ein anderes, das Radikalste, das es gibt, ist der Suizid. Gerade kreative Genies sind überdurchschnittlich oft starke Trinker, und auch der Selbstmord kommt bei ihnen weitaus häufiger vor als sonst. Beethoven hatte schon als junger Mann kurz vorm Suizid gestanden und trank sich in seinem späteren Leben mit Wein – der damals mit Blei versetzt war – zu Tode. Auch Schumann war dem Alkohol verfallen.

Auf diese Trias von *Stimmungsschwankungen, Alkoholismus* und *Suizid* trifft man bei den großen Komponisten schon relativ häufig. Übertroffen wird sie allerdings noch von den Dichtern und Schriftstellern.

In einer der ersten empirischen Studien dazu verglich eine US-Psychiaterin 30 Autoren mit einer Kontrollgruppe und stellte fest: Ganze 80 Prozent der Autoren litten an einer Gefühlsstörung, 43 Prozent davon an einer bipolaren Depression. In der Kontrollgruppe litten »nur« 30 Prozent an einer Gefühlsstörung, davon 10 Prozent an einer bipolaren Depression. Fast ein Drittel der Schriftsteller erwies sich darüber hinaus als Alkoholiker, was ebenfalls erheblich mehr war als die 7 Prozent in der Kontrollgruppe. Besonders schockierend jedoch war, dass sich zwei der Schriftsteller noch während der laufenden Studie umbrachten.[152]

Mehrere Experten sind zu ähnlichen Beobachtungen gekommen.[153] In einer der größten Studien zum Thema, für die ein US-Psychiater die Biographien von über 1000 bedeutenden Figuren des 20. Jahrhunderts analysierte, belegten die Schriftsteller und Dichter sowohl in der Kategorie Depressionen als auch in den Kategorien Alkoholismus und Suizid die Spitzenplätze.[154]

Sieht man sich das Leben großer Schriftsteller an, bekommt man den Eindruck, Stimmungsschwankungen, Alkoholismus und Selbstmordphantasien stünden geradezu auf der Tagesordnung.

Ein dramatisches Beispiel ist der britische Romancier Graham Greene. Greene bezeichnete sich selbst als manisch-depressiv, trank reichlich Whisky und hatte in jungen Jahren ein Faible für Russisches Roulette. Einer von Greenes Freunden hat einmal einem Biographen erzählt, dass er eine Zeit lang richtiggehend besorgt war über die selbstmörderische Marotte des Schriftstellers. Am Ende gelang es dem Freund, Greene das Versprechen abzuringen, bei einer Runde Roulette nie mehr als zweimal hintereinander abzudrücken.[155]

Greene hat seine exzentrische Leidenschaft in seiner – allerdings stark stilisierten – Autobiographie *Eine Art Leben* so geschildert: »Ich setzte den Lauf an mein rechtes Ohr und zog durch. Es klickte leise, und als ich die Trommel betrachtete, sah ich, dass der Revolver jetzt schussbereit war. Bei der nächsten Kammer hätte es mich erwischt. Ich erinnere mich an ein überwältigendes Glücksgefühl, als flammte plötzlich Karnevalsbeleuchtung in einer finsteren, trostlosen Straße auf. Mein Herz hämmerte gegen die Rippen, und das Leben hielt eine Unzahl von Möglichkeiten für mich bereit. Es war wie das erste befriedigende sexuelle Erlebnis eines jungen Mannes ...«[156]

Bei vielen Autoren war der Suizid keineswegs nur, wie bei Graham Greene, ein makaberes Spielchen, sondern tragischer Ernst, wie etwa bei Heinrich von Kleist, Ernest Hemingway[157] oder Sylvia Plath, um nur einige Wenige zu nennen. Alle drei haben ihr Leben lang unter starken Stimmungsschwankungen, insbesondere Depressionen, gelitten.[158]

Bei vielen Dichtern fanden die Selbstmorde zum Glück nur auf dem Papier statt. Der berühmteste Fall: Goethe. Goethe war als junger Mann eine Zeit lang nah dran gewesen, Hand an sich zu legen: »Unter einer ansehnlichen Waffensammlung besaß ich auch einen kostbaren, wohl geschliffenen Dolch«, schrieb er in *Dichtung und Wahrheit*, auf seine Werther-Zeit zurückblickend. »Diesen legte ich mir jederzeit neben das Bett, und ehe ich das Licht auslöschte, versuchte ich, ob es mir wohl gelingen möchte, die scharfe Spitze ein paar Zoll tief in die Brust zu senken.« Doch Goethe überwand seine Selbstmordgedanken, »warf alle hypochondrische Fratzen hinweg und beschloss zu leben«, insgesamt fast 83 Jahre lang.

Bipolares Denken

Himmelhoch jauchzend, zu Tode betrübt – davon wusste nicht zuletzt Goethe ein Lied zu singen. Psychologen bezeichnen diesen extremen Stimmungswechsel als »bipolar« (wörtlich: sich zwischen »zwei Endpunkten« bewegend). Einige Wissenschaftler, darunter die US-Forscherinnen Ruth Richards und Kay Redfield Jamison sowie neuerdings auch Marvin Minsky, meinen: *Es ist der »bipolare« Wechsel zwischen Manie und Depression, der die Kreativität auf Trab bringt.* [159]

In der manischen Phase, beim himmelhohen Jauchzen also, werden die Gedanken gelockert, sie fangen an zu rasen. Alles ist phantastisch. Alles ist grandios. Eine Idee jagt die nächste, ja die Ideen überschlagen sich regelrecht – bis hin zum Chaos im Kopf. Wer sich in einer echten Manie befindet, kann vor lauter Ideen keinen klaren Gedanken mehr fassen und das, was ihm so alles durch den Kopf schießt, ist meist nicht mehr kreativ, sondern nur noch bizarr.

Der manisch-depressive Dichter Theodore Roethke hat einmal geschildert, wie es ist, in eine manische Phase zu geraten: »Ich fing an, mich ohne Grund richtig gut zu fühlen. Plötzlich wusste ich, wie ich in das Leben, das mich umgab, eintauchen konnte. Ich wusste, wie es sich anfühlt, ein Baum, ein Grashalm, ja sogar ein Kaninchen zu sein. Ich habe nicht viel geschlafen. Ich bin einfach nur herumgelaufen mit diesem wunderbaren Gefühl. Eines Tages kam ich an einem Restaurant vorbei und auf einmal wusste ich, wie es sich anfühlte, ein Löwe zu sein. Ich ging rein und sagte dem Mann hinter der

Theke ›Bringen Sie mir ein Steak. Braten Sie es nicht. Bringen Sie es einfach‹. Er brachte mir das rohe Steak und ich fing an, es zu essen. Die anderen Gäste sahen mich angeekelt an. Und ich begann einzusehen, dass es vielleicht wirklich ein bisschen komisch war. Also ging ich zum Dekan [der Universität, wo Roethke unterrichtete] und sagte ›Ich fühle mich zu gut. Holen Sie mich da runter.‹ Da steckten sie mich in die Wanne [womit eine damals gebräuchliche Wassertherapie gemeint ist].«[160]

Wie es scheint, werden in einer Manie jene Teile des Verstandes heruntergefahren, die normalerweise die Funktion des »inneren Kritikers« oder »Filters im Kopf« übernehmen und Assoziationen, die im Unbewussten brodeln, »abfangen«, bevor sie ins Bewusstsein dringen.

Freud hat dazu das Bild von den zwei Zimmern und dem Türsteher benutzt: In einem kleinen Zimmer, der Rezeption, residiert das Bewusstsein, in einem großen das Unbewusste, wo ständig neue Assoziationen und Ideen entstehen. Zwischen beiden Zimmern schiebt ein Türsteher Wache, der die Impulse des Unbewussten prüft und, wenn nötig, zurückweist.

In einer Manie macht der Türsteher gewissermaßen Urlaub: Jeder Impuls, jede Assoziation, jede Idee dringt ins Bewusstsein, und sei sie noch so verrückt. Es kommt zur »Ideenflucht« im Kopf. Eine echte Manie macht also nicht wirklich kreativ.

Eine *leichte* Manie jedoch, eine Hypomanie oder, wie Minsky es nennt, eine »Mikromanie«, könnte Bewegung in den Geist bringen, ohne dass es zum Chaos kommt. Eine Mikromanie könnte den inneren Kritiker *etwas* runterfahren, den Filter im Kopf *etwas* durchlässiger machen und so dem kreativen Denken einen Schub geben.[161]

Eine Depression bewirkt das genaue Gegenteil der Manie. Eine Depression bremst den Gedankenfluss ab. Der Kritiker im Kopf läuft zu Hochtouren auf. Alles wird runtergemacht. Nichts taugt. Alles wird vom Türsteher zurückgewiesen, jeder Gedanke abgewürgt, der Geist kommt zum Stillstand.

Weder eine Manie noch eine Depression als solche machen somit kreativ. Folgt aber auf eine Mikromanie eine Mikrodepression, könnte das ziemlich produktiv sein: Während der Mikromanie sprudeln die Ideen, womöglich auch ein paar weit Hergeholte. Das aber ist okay, denn in der anschließenden Mikrodepression wird kritisch aussortiert – eine darwinistische Auslese im Kopf.

Dieser bipolare Prozess könnte sich auch, wie Minsky spekuliert, in Sekundenschnelle und weitgehend unbewusst abspielen, sodass wir kaum etwas davon mitbekommen: Vielleicht verläuft kreatives Denken grundsätzlich bipolar.[162]

Und wo wir schon beim Spekulieren sind: Womöglich *verschärft* sich dieser bipolare Prozess bei großen Mathematikern[163], Musikern, Dichtern und anderen Kreativen und gerät außer Kontrolle: Die Mikromanien und Mikrodepressionen arten sich zu »Makromanien« und »Makrodepressionen« aus. Um diese »Makrogefühle« schließlich wieder zurück in den Mikrobereich zu drängen, greifen die Kreativen dann zu jenem Stimmungsstabilisator namens Alkohol – oder sie stürzen sich in ihrer Verzweiflung in den Suizid.[164]

Kreativitätskiller Vernunft

Denkbar ist auch, dass die Gefühlsschwankungen den Gehirnmodus eines Menschen so stark verändern, dass es Außenstehenden so vorkommt, als würde der oder die Betreffende sich in eine *andere Person* verwandeln![165] Nicht ohne Grund hatte Norbert Wieners Tochter das Gefühl, ihr Vater würde nicht aus einer Person, sondern aus vielen Personen bestehen.

Ähnlich war Goethe gestrickt. Goethe hatte viele Gesichter und Masken, und immer wieder meinten Biographen, sie hätten nun endlich den »wahren« Goethe entdeckt. Aber vermutlich kam der Schweizer Germanist Walter Muschg Goethes Wesen am nächsten, als er bemerkte, dass dessen Wesen aus vielen Wesen bestand: »Er lebte [...] gleichzeitig in vielen Gestalten, [...] zwischen denen er sich frei hin- und herbewegte.«[166]

Viele Personen zu sein, die Gestalten ständig zu wechseln – das kann sich nicht jeder leisten. Liegt hier ein weiterer Grund, weshalb wir Stimmungsschwankungen bekämpfen (psychisch ebenso wie medikamentös mit Antidepressiva, Lithium usw.)? Natürlich tun wir das in erster Linie, weil sie schlicht unerträglich sind.

Aber vielleicht kommt noch etwas hinzu. Wir, und auch unsere Mitmenschen, mögen uns möglichst stabil und vorhersagbar, mit einem Wort: vernünftig. Wir und andere erwarten von uns, dass wir verlässlich sind und nicht, dass wir aus einer Laune heraus mal so, mal so handeln. Vor allem für unsere Mitmenschen ist es höchst irritierend, wenn wir mit unseren Launen soweit gehen, dass wir uns plötzlich in eine andere *Person* verwandeln. Max Frisch hat in seinem Roman *Stiller* beschrieben, wie schwierig der Versuch ist, seine Identität zu wechseln: Es ist unmöglich. Die anderen erlauben es nicht. Sie erwarten, dass wir *eine* Person sind und diese auch bleiben. Das bedeutet, dass wir all das, was wir eventuell auch sind oder zumindest manchmal sind, unterdrücken müssen.

Kreative Menschen scheinen sich bis zu einem gewissen Grad über diese Begrenzungen hinwegzusetzen. Damit lassen sie einen Reichtum zu, der, wie mir scheint, in uns allen steckt, nur dass die Meisten von uns diesen Reichtum bereits im Keim ersticken.

Wenn das stimmt, würde ein Schritt zu etwas mehr Kreativität nicht darin liegen, etwas zu *tun*, sondern etwas, das von dem Verstand und der Vernunft ausgeht, zu *unterlassen*: Nämlich, sich selbst so zu behandeln, als sei man eine Argumentationskette, die möglichst logisch, widerspruchsfrei und aufgeräumt zu sein hat.

Der Dichter Rainer Maria Rilke litt ebenfalls unter Depressionen und hat sich darüber eingehend mit seiner Geliebten Lou Andreas-Salomé auseinander gesetzt, jener blonden Russin, die in jungen Jahren schon Nietzsche den Kopf verdreht hatte und sich später der Psychoanalyse zuwandte. Lou Andreas-Salomé war es, die Rilke, der René hieß, den Namen Rainer gab, was ihr für einen männlichen Dichter angebrachter erschien.

Immer wieder wendete sich Rilke in seiner Not an Lou – und wehrte sich doch stets gegen eine Analyse: »Die *Psychoanalyse* ist eine zu gründliche Hilfe für mich, sie hilft ein für allemal, sie räumt auf, und mich aufgeräumt zu finden eines Tages, wäre vielleicht noch aussichtsloser als diese Unordnung«, schrieb er seiner Freundin. »Etwas wie eine desinfizierte Seele kommt dabei heraus, ein Unding, ein Lebendiges, rot korrigiert, wie die Seite in einem Schulheft.«[167]

Rilke war nicht der einzige Künstler, der sich gegen eine Therapie und gegen ein »Aufräumen der Seele« wehrte: Wie viele andere gefährdete er lieber sein Leben als seine Kreativität.[168]

Auf den ersten Blick scheint das im Widerspruch zur Selbstmedikation mit Alkohol zu stehen, die sich bei so vielen Kreativen beobachten lässt. Die Erklärung könnte darin liegen, dass sich Alkohol gezielter einsetzen und wieder absetzen lässt als ein Antidepressivum oder eine Psychoanalyse. Alkohol betäubt nur zeitweise. Antidepressiva dagegen wirken *chronisch*. Man kann sie nicht einfach nach getaner Arbeit schlucken, um am nächsten Morgen zum kreativen Chaos zurückzukehren. Ebenso wenig lässt sich die Wirkung einer Psychoanalyse an- und abschalten.

Dabei trifft das, was Rilke über die Psychoanalyse schrieb, vielleicht auf den Verstand und die Vernunft generell zu. Mir zumindest kommt die Vernunft manchmal wie eine »Putzfrau der Psyche« vor. Der Schriftsteller Martin Walser hat einmal erzählt, wie sich sein Kafka-Erlebnis änderte, als er anfing, seine Doktorarbeit über Kafka zu schreiben. Anfangs war Kafka für ihn »eine unüberschaubare Folge von Details und Stimmungen«. Jetzt musste er diese unüberschaubaren Details und Stimmungen überschaubar machen, in ein Schema pressen, und als er das tat, war »alles zerstört«. »Früher, vor der ausgearbeiteten Deutung, war jede Lektüre anders verlaufen. Zwar waren auch da schon Leseerfahrungen gespeichert gewesen, aber man war eben längst nicht mehr der, der man bei der ersten oder der, der man bei der zweiten Lektüre gewesen war. Oder man war eben im Augenblick nicht der.« Seit seiner Doktorarbeit liest Walser nicht mehr Kafka. Er ist fertig mit ihm. Wenn er heute Kafka liest, stellt sich keine neue Erfahrung mehr ein: Stets kommt ihm die alte Deutung, das Schema in die Quere.[169]

Ich habe den Eindruck, als würde sich die Vernunft zu unserem Ich oft so verhalten wie eine Doktorarbeit zu einem Buch: Sie, die Vernunft, lässt nur eine Deutung unseres Ichs zu, und damit bleibt ihr gar nichts anderes übrig als all das wegzudrücken, was wir zwar auch sind oder gelegentlich sind oder sein könnten, das aber leider nicht ins Schema passt.[170]

Sublimer Wahnsinn

> *Nichts kann existieren ohne Ordnung.*
> *Nichts kann entstehen ohne Chaos.*
> Einstein [171]

> *Ich sage euch: Man muss noch Chaos in sich haben,*
> *um einen tanzenden Stern gebären zu können.*
> Nietzsche, *Also sprach Zarathustra*

Neue Ideen, kreative Schöpfungen sind keine Schöpfungen des bewussten Verstands, dafür ist der Verstand viel zu beschränkt. Nein, die Quelle unserer Kreativität liegt im Unbewussten.

Da der bewusste Verstand nur mit einer Handvoll Informationen umgehen kann, geht es im Verstand – normalerweise – nicht chaotisch zu, sondern geordnet. Wirklich Neues entsteht aber nicht aus bereits vorhandener Ordnung (es sei denn, man zerstört sie und setzt sie auf neue Weise zusammen), *sondern aus dem Ordnen von Chaos.*

Es ist auch nicht die Aufgabe des bewussten Verstandes, allzu kreativ zu sein, im Gegenteil, seine Aufgabe besteht darin, für Ordnung zu sorgen, und dazu gehört auch: Das Chaos des Unbewussten zu *unterdrücken.* Wie schon Freud erkannt hatte, sind Teile unseres Verstandes eigens dazu da, die Assoziationen, die sich in unserem Unbewussten ständig formieren und lösen und wieder neu formieren, zu überwachen und abzublocken. Da es sich beim Großteil dieser Assoziationen um unsinnige Gedankenverbindungen oder bizarre Ideen handelt, ist das eine sinnvolle Sache: Wir brauchen eine Art Spam-Filter im Kopf, der unser beschränktes Bewusstsein davor schützt, mit allerlei unbrauchbaren Informationen zugemüllt zu werden.

In bestimmten Zuständen werden die Zügel dieser Zensur gelockert, der Filter im Kopf wird durchlässiger. Der Freud'sche Türsteher macht ein Nickerchen. Das ist zum Beispiel kurz vor dem Einschlafen der Fall oder im Traum oder während einer Psychose: Es ist, als bekämen die Assoziationen und Bilder des Unbewussten nun freien Zugang zum Bewusstsein.

Um offen zu sein für Neues, um kreativ zu sein, kommt es darauf an, den Filter im Kopf *etwas* zu lockern, jedoch nicht so weit, dass man in eine Psychose oder in eine bodenlose Traumwelt abstürzt. Es kommt darauf an, offen zu sein für die »Reize« des Unbewussten, ohne den Verstand zu verlieren.[172] Genau das scheint kreativen Menschen zu gelingen: Der Filter in ihrem Kopf ist durchlässiger als üblich – und das macht sie nicht nur kreativ, sondern bringt sie zugleich in die *Nähe* des »Wahnsinns«.

Erst kürzlich fand eine Harvard-Psychologin namens Shelley Carson einen Beleg für diese Spekulationen. Mit einem Versuch kam sie dem löchrigen Filter im Kopf kreativer Menschen auf die Schliche.

Die Forscherin spielte Testpersonen verschiedene Wortsilben vor. Die Aufgabe bestand darin zu zählen, wie oft eine gewisse Silbe (»bim«) auftauchte. Um die Sache nicht ganz so leicht zu machen, wurden die Leute zusätzlich mit einem Störgeräusch abgelenkt, das hin und wieder ertönte. Nach und nach lernten die Meisten, das Störgeräusch zu ignorieren. Ihr

Gehirn blendete es aus. Es drang einfach nicht mehr bis ins Bewusstsein vor.

Erst jetzt kam es zum eigentlichen Test. Die Leute wurden vor einen Bildschirm mit einem bestimmten Muster gesetzt. Ab und zu erschien auf dem Bildschirm auch eine gelbe Scheibe, und wenn das der Fall war, sollte man so schnell wie möglich Alarm schlagen. Im Hintergrund ertönte nach wie vor das Störgeräusch. Was keiner wusste: Das Geräusch kündigte nun stets das Auftauchen einer gelben Scheibe an. Das heißt, aus dem »Störgeräusch« war plötzlich eine wertvolle Informationsquelle geworden. Wie würden die Leute damit umgehen?

Die Testpersonen, allesamt Harvard-Studenten um die zwanzig, wurden in zwei Gruppen geteilt. Die eine Gruppe bestand aus normalsterblichen Geschöpfen, die es immerhin bis nach Harvard geschafft hatten. Eine gute Kontrollgruppe also. Die andere Gruppe bestand aus lauter kleinen Picassos, kleinen Beethovens und kleinen Hemingways. Nicht nur, dass sie in Kreativitätstests Höchstwerte erzielt hatten, nein, darüber hinaus hatten sie sich schon in ihrem zarten Alter durch ziemlich kreative Leistungen hervorgetan, zum Beispiel Gedichte publiziert, Romane geschrieben, komponiert, Kunstwerke ausgestellt oder Patente angemeldet.

Und wie sich herausstellte, verhielten sich die Kreativlinge im Test ganz anders als die Normalos. Die Normalos beachteten den Störreiz nur am Anfang. Dann hakten sie ihn als irrelevant, als »Spam« ab, ja »sie hörten ihn gar nicht mehr«, wie mir die Forscherin berichtet hat. Dagegen erschienen die Kreativlinge geradezu *unfähig*, den Störreiz als irrelevant abzustempeln und zu ignorieren. Sie beachteten ihn *andauernd*, als würden sie ihn ständig aufs Neue auf seinen potenziellen Informationsgehalt hin prüfen.

In der Testphase erwies sich das natürlich als Vorzug: Im Gegensatz zu den Normalos erkannten die Kreativlinge rasch, dass aus dem Störreiz ein Signal für das Auftauchen der gelben Scheibe geworden war, und schnitten entsprechend besser ab![173]

Wie es scheint, sind kreative Menschen also *permanent offen* für die Reize ihrer Umgebung, selbst für vermeintlich irrelevante.

Ich vermute, dass das nicht nur für Reize aus der Außenwelt gilt, sondern auch für solche aus der »Innenwelt«: für die Ideen, Gedanken und oft schrägen Assoziationen, die aus dem Unbewussten kommen. Man könnte dies »das Irrationale« nennen. Kreative hätten dann mehr Kontakt zu ihren irrationalen Kräften. Anders formuliert: Kreative Menschen geben teilweise auch Spam und verrückten – dem Türsteher suspekten – Ideen Zutritt ins Bewusstsein, was dann vorteilhaft ist, wenn sich der Spam plötzlich doch als wertvolle Mail herausstellt.

Aber diese Offenheit geht auch mit Risiken und Nebenwirkungen einher. So ist es wohl kein Zufall, dass es noch eine Gruppe von Menschen gibt, bei denen der Filter im Kopf etwas löchriger ist als sonst: schizophrene Patienten. Sowohl Hochkreative als auch Schizophrene haben die Neigung, für alle Reize, die auf sie eintreffen, offen zu sein. Während es jedoch den Kreativen gelingt, die Informationsflut für sich nutzbar zu machen, sind Schizophrene damit überfordert. Sie werden überschwemmt von den zahlreichen Reizen – die Folge sind Halluzinationen und Denkstörungen.

Keiner weiß genau, wie es den Kreativen gelingt, das Chaos im Kopf zu bändigen. Einstein sagte: Nur das Genie beherrscht das Chaos.[174] Das stimmt offenbar, erklärt uns aber nicht, *wie* es das schafft. Vielleicht ist der Filter im Kopf der Kreativen nicht *ganz* so löchrig wie bei den Schizophrenen. Oder es gibt etwas in ihnen, das ihnen hilft, das Chaos zu zügeln, eine Art mentalen Dompteur. Die Psychologin Carson vermutet, dass ein gutes Arbeitsgedächtnis und eine hohe Intelligenz den Kreativen ermöglichen, eine Vielzahl von Informationen gleichzeitig im Bewusstsein zu behalten und damit zu jonglieren, ohne die Übersicht zu verlieren.

Wer weiß. Was auch immer das Geheimnis des kreativen Menschen letztlich sein mag, es scheint, als würde er sich zwischen zwei Extremen bewegen: zwischen geistiger Sterilität und Psychose. Er balanciert am Rande des Chaos, schafft es aber auf irgendeine Weise, nicht abzustürzen und im Chaos unterzugehen, sondern festen, bisher unberührten Boden zu betreten.[175]

Probleme nicht lösen – *hineinleben*

> *Ich möchte diese Frage, wie die meisten,*
> *die mich interessieren, offenlassen.*
> Hans Magnus Enzensberger[176]

Das Bewusstsein und das Unbewusste unterscheiden sich nicht nur in ihrer Kapazität, sondern auch in ihrem Arbeitsstil.

Der bewusste Verstand arbeitet – vielleicht gerade weil seine Kapazität so gering ist und er ökonomisch vorgehen muss – *gezielt*. Der Verstand hat eine ausgesprochen anti-buddhistische Einstellung: Er lässt die Dinge nicht einfach auf sich zukommen, sondern *richtet sich* auf die Dinge. Der Verstand setzt sich ein Ziel und versucht dann, das Ziel möglichst effizient zu erreichen. Alles, was nicht zum Ziel führt, wird ausgeblendet.

Das Unbewusste ist offener, abwartender: Man muss es in verschiedene Situationen bringen, und plötzlich fängt es Feuer.

Nehmen wir an, Sie sind auf Wohnungssuche. Das Maximum, das Sie an Miete ausgeben wollen, sind 1000 Euro. Es ist Ihr äußerstes Limit. Ihre Schmerzgrenze. 750 wären eigentlich vernünftig, aber gut, man gönnt sich ja sonst nichts. 1000 also. Doch damit eins klar ist: Alles, was auch nur einen Cent darüber hinausgeht, steht nicht zur Debatte.

Fragen wir doch mal das Unbewusste, was es von dieser Regel hält. Antwort: nichts. Das Unbewusste sieht die Dinge ganzheitlich. Da Präzision nicht zu seinen Stärken gehört, versteht es nicht, warum 1000 okay sind, während 1000,01 oder 1050 oder 1050 und 50 Cents plötzlich ein Kapitalverbrechen sein sollten.

Und wie der Zufall so spielt, hat der Makler noch eine Wohnung, die genau 1050,50 Euro kosten soll, er ist ein netter Kerl, er zeigt Sie Ihnen, nur so aus Jux.

Sie sind überwältigt. Ihr Unbewusstes flüstert Ihnen zu: nimm sie. Was soll's. Du gönnst dir ja sonst nichts. Der bewusste Verstand jedoch bleibt stur und sagt nein.

Üblicherweise fängt das Unbewusste nun an, mit dem Verstand zu argumentieren. Könnte es Deutsch, würde sich das so anhören: »Verstand, jetzt pass mal auf. Angenommen, die Wohnung würde 1001 Euro kosten, fändest du es dann nicht absurd, sie nicht zu nehmen, obwohl sie perfekt ist und eine 20-Quadrat-Meter-Terrasse mit Südlage hat?« Der Verstand denkt kurz über das Argument nach und gibt zu, dass das in der Tat absurd wäre. Jetzt muss das Unbewusste sein Argument nur noch neunundvierzigeinhalb Mal wiederholen und Sie können einziehen.

Klingt gut, doch leider lässt der Verstand nicht immer so leicht mit sich reden. Es gehört eben zu seinen Aufgaben, sich an gewisse Ziele zu binden, sich an Regeln zu halten und die Launen des Unbewussten zu überstimmen. 1000 Euro sind 1000 Euro. Irgendwo muss Schluss sein. Wo kämen wir sonst hin?

Um dieser Aufgabe gerecht zu werden, geht der Verstand prophylaktisch vor: Meist lässt er sich erst gar nicht darauf ein, einen Blick auf eine Wohnung zu werfen, die über dem von ihm gesetzten Limit liegt. Nachdem das Ziel formuliert ist, sieht sich der Verstand den Wohnungsmarkt *mit diesem Ziel vor Augen* an. Wohnungen, die nicht der Zielvorstellung entsprechen, werden überhaupt nicht in Betracht gezogen. Sie verschwenden nur unsere Zeit. Da der Verstand nur mit wenigen Informationen fertig wird, will er nicht auch noch mit überflüssigen Informationen konfrontiert werden. Das macht ihn effizient.

Darin, in seiner Effizienz, liegt die Stärke des Verstands – und zugleich seine Schwäche. Denn mit einem bewussten Ziel vor Augen (statt offen, mit der abwartenden Haltung des Unbewussten) auf die Welt zuzugehen, *macht uns blind für all das, was nicht ins Suchraster passt.* Ein netter kleiner Versuch des britischen Psychologen Richard Wiseman verdeutlicht das.

Der Psychologe gab einer Gruppe von Testpersonen eine Zeitung mit der Bitte, die Fotos darin zu zählen. Die meisten brauchten für die Aufgabe etwa zwei Minuten, einige etwas länger, weil sie die Zeitung gleich zweimal durchsahen, um ja keinen Fehler zu machen. Das Verblüffende war, dass kein Einziger die Überschrift beachtete, die der Psychologe in großen Lettern auf der zweiten Seite der Zeitung platziert hatte: HÖREN SIE AUF ZU ZÄHLEN – ES SIND 43 FOTOS IN DIESER ZEITUNG!

Mitten in die Zeitung hatte Wiseman eine weitere, riesige Überschrift gestellt: HÖREN SIE AUF ZU ZÄHLEN. SAGEN SIE DEM VERSUCHSLEITER, DASS SIE DIESEN SATZ GELESEN HABEN, UND KASSIEREN SIE DAFÜR 100 PFUND! Die frohe Botschaft füllte eine halbe Seite. Und doch, keiner der eifrig Zählenden nahm sie zur Kenntnis. Ihr Verstand hatte nur Augen für die Bilder.[177]

Normalerweise ist es natürlich von Vorteil, mit geistigen Scheuklappen durch die Welt zu gehen. Wessen Aufgabe es ist, die Fotos einer Zeitung zu zählen, der lenkt seine Aufmerksamkeit mit dem Lesen der Überschriften (oder gar der Artikel) nur ab.

Die Rechnung geht nur dann nicht auf, wenn sich das vermeintlich Irrelevante – wie auch in dem Versuch mit dem Störgeräusch – plötzlich doch als relevant herausstellt. Da das eher selten der Fall ist, wählen wir in der Regel den effizienten Weg. Wir können es uns schlicht nicht leisten, dauernd offen und abwartend zu sein oder jeden einzelnen Reiz aufs Neue zu prüfen.

Das ist einer der Gründe dafür, weshalb Kreativität oft keine Chance hat. Kreativ sein heißt auch, auf den effizienten Weg des bewussten Verstands zu verzichten und dessen Neigung, auf schnelle Lösungen anzuspringen, zurückzudrängen. Es heißt vielmehr umgekehrt: mit der Offenheit des Unbewussten in etwas »einzudringen«, ohne dieses Etwas sofort »lösen« zu wollen. Das ist riskant, weil immer die Gefahr besteht, dass man sich verzettelt, seine Zeit verschwendet und am Ende doch nichts dabei rauskommt.

Neues, Kreatives hat deshalb am ehesten eine Chance, wenn Sie sich nicht nur für das Ziel oder für ein Endergebnis interessieren, sondern den »Fehler« machen, sich in den *Prozess*, der zum Ziel führt, zu verlieben. Wenn Sie sich eben nicht nur fürs Gemälde, die Komposition, das Buch oder das wissenschaftliche Ergebnis, mit einem Wort: die »Lösung« interessieren, sondern auch und vor allem fürs Malen, Komponieren, Schreiben und Forschen selbst. Viele kreative Menschen beschäftigen sich einfach intensiv mit einer Sache, Tag für Tag für Tag, ohne dieser Sache ständig etwas Konkretes, Bestimmtes abringen zu wollen. Sie lieben das, was sie tun – und das eröffnet automatisch den Raum für Unerwartetes.

»Kreative Menschen sind risikobereit«, sagt der amerikanische Jazzmusiker und Komponist Benny Golson. Das mag sein, aber sie sind, wie mir scheint, nicht risikobereit um des Risikos willen, sondern ihre Risikobereitschaft ist eher eine *Nebenwirkung*, die sie in Kauf nehmen. Golson sagt weiter: »Wer kreativ ist, macht immer zwei Schritte in die Dunkelheit.« [178] Recht hat er. Es gibt sogar eine eindrucksvolle Studie, die seine Beschreibung in gewisser Weise untermauert.

Dazu besuchten zwei Psychologen das Art Institute of Chicago und nahmen die Kunststudenten dort als Versuchskaninchen. Sie legten ihnen eine Reihe von Gegenständen, wie eine Gießkanne, ein Buch, eine Trompete, Trauben usw. hin, aus denen sie sich heraussuchen konnten, was immer ihnen gefiel. Die Aufgabe bestand darin, ein Stillleben zu malen.

Die Forscher beobachteten, wie die Künstler in spe vorgingen. Manche wählten nicht mehr als zwei Gegenstände aus und machten sich an die Arbeit. Andere ließen sich Zeit und prüften viele Gegenstände.

Vor allem interessierten sich die Psychologen dafür, wie

lange es dauern würde, bis sich auf der Leinwand eine Struktur, ein Bild erkennen ließ. Bei einigen war das bereits nach wenigen Minuten der Fall. Es war, als hätten sie sich schon relativ schnell eine Vorstellung von ihrem Gemälde gemacht, die sie dann nur noch auf die Leinwand bringen mussten.

Bei andern schien es ewig zu dauern, bis sich das endgültige Bild erkennen ließ – und das lag weder daran, dass sie abstrakter malten noch dass sie sich *insgesamt* für das Gemälde mehr Zeit ließen als ihre Kollegen, da man allen gesagt hatte, sie sollten in etwa einer Stunde fertig werden. Nein, es war vielmehr, als zögerten sie »die Lösung« noch während des Malens so lange wie möglich hinaus.

In anschließenden Interviews erzählten die Studenten der ersten Gruppe tatsächlich, dass sie von Anfang an gewusst hatten, wie ihr Bild aussehen würde. Die anderen meinten, sie hätten davon lange keine Ahnung gehabt.

Jahre später, als die Studenten die Kunstakademie längst hinter sich hatten, kontaktierten die Forscher sie noch einmal. Da stellten sie fest, dass die Leute aus der ersten Gruppe als Künstler mehr oder weniger gescheitert waren und das Malen zum Teil ganz aufgegeben hatten. Die erfolgreicheren Künstler waren jene der zweiten Gruppe, die länger »im Dunkeln« gemalt hatten, ohne klare Vorstellung davon, was am Ende dabei rauskommen würde – bis sich das Bild allmählich aus dem Unbewussten zusammensetzte und zum Vorschein kam.[179]

Rainer Maria Rilke hat einmal mit einem jungen Offizier namens Franz Xaver Kappus korrespondiert. Der Offizier, der Rilke seine Gedichte zur Beurteilung schickte, wusste nicht, ob er eine Karriere als Soldat oder Künstler anstreben sollte, und bat Rilke um Rat. Ich bezweifle zwar, dass Rilkes Rat dem jungen Mann eine große Hilfe war, aber seine Sätze sind eine schöne Schilderung des kreativen Prozesses. Rilke schrieb: »Sie sind so jung, so vor allem Anfang, und ich möchte Sie, so gut ich es kann, bitten, lieber Herr, Geduld zu haben gegen alles Ungelöste in Ihrem Herzen und zu versuchen, *die Fragen selbst* lieb zu haben wie verschlossene Stuben und wie Bücher, die in einer sehr fremden Sprache geschrieben sind. Forschen Sie jetzt nicht nach den Antworten, die Ihnen nicht gegeben werden können, weil Sie sie nicht leben könnten. Und es handelt sich darum, alles zu leben. *Leben* Sie jetzt die Fragen. Vielleicht leben Sie dann allmählich, ohne es zu merken, eines fernen Tages in die Antwort hinein.«[180]

5 Der *Rain Man* in uns

Der Tag, an dem ich mir das Hirn abschalten ließ

Manche fliegen nach Australien zum Surfen. Manche, um im Sydney Opera House zu erleben, wie Vladimir Ashkenazy Rachmaninows erstes Klavierkonzert dirigiert. Manche nehmen sich zwei Monate frei, mieten sich in Perth einen Wagen und fahren hoch bis zum Kakadu-Nationalpark. Ich finde, das sind alles gute Gründe für einen Australienbesuch, wobei ich in letzterem Fall über einen 4-Wheel-Drive-Geländewagen nachdenken würde.

Ich bin nach Australien geflogen, um mir das Gehirn abschalten zu lassen. Ich fand das, mit Hinblick auf dieses Buch, ebenfalls eine gute Idee – bis ich in dem Beton-Keller des *Centre for the Mind* der University of Sydney saß und mir Professor Allan Snyder seinen Medtronic MagPro X100 Magnetstimulator an den Schädel hielt.

Snyder, von Hause aus Physiker, ist ein quirliger, kauziger Typ um die 60. Er hat ein bisschen was von Woody Allen. Seine Krawatte ist bunt wie ein Papagei. Sein Markenzeichen jedoch ist die schwarze Baseballkappe, auf die ein Abbild seines eigenen Gesichts gestickt ist; er trägt sie ständig, natürlich verkehrt herum. Exzentrisch.

Als die *Sydney Morning Herald* kürzlich eine Liste der 50 bedeutendsten Australier aufstellte, kam der Nobelpreisträger Barry Marshall[181] auf Platz 1, Allan Snyder landete auf Platz 8. Für die Zeitung zählt Snyder zu den »klügsten Köpfen Sydneys«. Snyder hat schon einiges in den renommierten Forschermagazinen *Science* und *Nature* publiziert und manche seiner Kollegen, wie der amerikanische Neurologe Oliver Sacks, halten ihn für »absolut brillant«. Andere meinen, er sei ein Spinner.[182]

Ich weiß nicht so recht, welcher Fraktion ich mich anschließen soll, als Snyder sein schwarzes Magnetmonstrum an meine linke Schläfe drückt. Wohler ist mir bei dem Gedanken, er sei brillant.

Ich sitze vor einem PC. Snyder hat mir eine Art Bademütze aus Stoff über den Kopf gestülpt und darauf die Hirnstelle markiert, die er gleich ausschalten wird. Er fragt, ob ich mich mit TMS auskenne. TMS, transkranielle Magnetstimulation: Magnetstimulation, die durch den Schädel geht. »Nicht wirklich«, sage ich. Einmal, erzähle ich, habe ich eine Reportage über das Thema Glück geschrieben und mir an der Berliner Charité das Stirnhirn mit TMS stimulieren lassen. Snyder lächelt. Er schüttelt den Kopf. »Nein, nein«, sagt er. »Das hier wird anders. *Intensiver.*«[183]

Snyder klärt mich noch einmal über die Risiken und Nebenwirkungen von TMS auf. »Im Grunde besteht die einzige Gefahr nur darin, dass Sie einen epileptischen Anfall bekommen«, sagt er. *Nur?* »Keine Angst, man benutzt TMS sogar, um Epileptiker zu *behandeln.*«

Das ist in der Tat sehr beruhigend!

Es geht los. Langsam wird mir etwas mulmig, aber es fängt ganz harmlos an. Zuerst, noch vor der Magnetisierung, soll ich einen Hund malen, egal was für einen, irgendeinen. Einfach so aus dem Gedächtnis. Binnen einer Minute. Als Nächstes soll ich Gesichter, die auf dem Bildschirm vor mir erscheinen, nachzeichnen. Dann soll ich am Computer Puzzlestücke zu einem Gesicht zusammenstellen – Snyder und sein Assistent lassen mich eine ganze Batterie von Tests machen.

Um nicht die Übersicht zu verlieren, werde ich mich hier auf den Hund konzentrieren. Ich hatte beim Zeichnen meinen Lieblingsstoffhund im Kopf. Er ist ein bisschen kamerascheu, aber nach ein paar Verhandlungen hat er mir erlaubt, ein Foto von ihm zu machen:

Und so sieht meine »Zeichnung« von ihm aus:

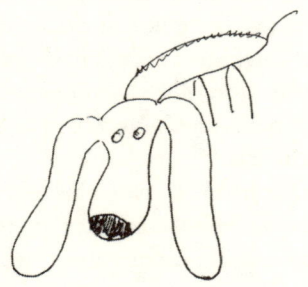

»Das kann ja nur besser werden!«, ruft meine Kollegin. Sie steht neben mir und knipst ein Foto.

Machtmonster!

Dann ist es soweit. Die Stimulation beginnt. Snyder und sein Assistent machen einen Schritt zurück und schalten das Gerät an.

Es klickt. Ziemlich laut. Klick, Klick, Klick ...

Mit jedem Klick schießt ein starker Magnetpuls durch meinen Kopf und meine Gesichtsmuskeln zucken krampfartig zusammen. Es tut nicht wirklich weh, ist allerdings auch alles andere als angenehm. »Let's do fifteen minutes for full stimulation«, sagt Snyders Assistent. Es klickt und klickt und klickt.

Der Magnetpuls, exakt ein Schlag pro Sekunde, wirkt wie

eine Art Störsender auf mein Gehirn. Ziel ist es, mich mit Hilfe der Magnetbehandlung in einen »Savant«[184] zu verwandeln: einen autistischen Menschen mit speziellen Begabungen. Einen *Rain Man*.

Der Grundgedanke dabei ist Folgender: Einige Forscher, wie Allan Snyder, sind davon überzeugt, dass in jedem von uns ein kleiner *Rain Man* steckt. Das autistische Genie in uns liegt nur unter einer allzu dicken Verstandesschicht begraben. Es kommt also darauf an, dieses Zuviel an Verstand loszuwerden. Dazu ist der magnetische »Störsender« da. Snyder wird mit seinem Gerät eine millimeterkleine Fläche meiner linken Gehirnhälfte abschalten, um so das Genie in mir anzuschalten.

Rain Man, der Kinofilm mit Dustin Hoffman, hat das »Savant-Syndrom« über Nacht berühmt gemacht. Dustin Hoffman spielt in dem Film den autistischen Savant Raymond, der von seinem Bruder als Kind *Rain Man* genannt wurde.

Raymond ist ein Phänomen. Er ist beschränkt und außergewöhnlich begabt zugleich. Er mag Telefonbücher und lernt sie im Nu auswendig, er kann aber niemandem in die Augen sehen, das ist zu viel für sein Gehirn. In einer Szene reißt eine Kellnerin eine Packung mit Zahnstochern auf und sie fallen zu Boden. Raymond wirft einen kurzen Blick auf die Zahnstocher und sagt mechanisch: »82, 82, 82.« Insgesamt 246. Eine Schachtel enthält 250 Zahnstocher. Die Kellnerin guckt in die Packung und stellt fest, dass sich darin noch vier Zahnstocher befinden – Raymond hat recht. Er hat die Zahnstocher nicht *gezählt*, er hat sie *gesehen*. In einer anderen Szene malt er das Muster eines Hotelzimmerteppichs nach, beiläufig, mühelos und haargenau. Er *zeichnet* nicht, er *druckt* das Bild aufs Papier. Wie eine Kopiermaschine.

Raymond ist eine fiktive Figur, klar, aber er ist nicht reine Fiktion. Die Filmproduzenten haben sich die Figur nicht ausgedacht, sie haben sie echten Savants abgeguckt. Es gibt diese Menschen wirklich. Sie sind nur extrem selten. Weltweit leben etwa 25 *geniale* Savants.[185] Nimmt man die historisch überlieferten Berichte über hochbegabte Savants hinzu, sind insgesamt um die 100 Fallgeschichten dokumentiert.[186]

Obwohl. Manche meinen, wir *alle* seien verkappte Savants. Wir alle hätten diese Talente, sie würden nur von einem Teil unseres Gehirns / Verstandes unterdrückt – und zwar absichtlich. Im Grunde müsste man also nur diesen unterdrückenden Teil des Gehirns / Verstandes seinerseits unterdrücken, dann hätte das Genie in uns freien Lauf. Der *Rain Man* käme zum Vorschein. Theoretisch.

Endlich hat es aufgehört zu ticken. »How do you feel?«, fragt Snyders Assistent. Meine Kollegin sieht mich besorgt an. Ich glaube, sie hat Mitleid mit mir. Ich sage: »Okay, I guess.«

In Wahrheit fühle ich mich ein bisschen komisch. Ich weiß nicht genau. Ich glaube, es ist das Licht. Ja, das Licht hat sich verändert. Vor allem die Farben kommen mir anders vor. Sie sind kräftiger. Überhaupt sieht alles ein bisschen schärfer aus als sonst. Es ist schwer zu beschreiben. Es ist, als würde man durch eine Kamera blicken und an dem Objektiv drehen, bis das Bild scharf ist und es dann, wenn das ginge, noch einen Tick schärfer stellen. (Zwanzig Minuten später, als ich mich auf dem Campus mit einem Cappuccino erholen darf, hat die Wirkung noch nicht ganz nachgelassen und die grüne Rasenfläche springt mich geradezu an, sie leuchtet übernatürlich grün, als hätte man sie mit einem Leuchtstift angemalt. Auch das blaue T-Shirt eines Studenten, der an mir vorbeigeht, leuchtet grell, so grell, als hätte sich die Farbe vom T-Shirt gelöst und würde aus dem T-Shirt heraustreten. Sehr eigenartig.)

Snyder nickt zustimmend. »Same with me«, sagt er. »Same with me. More details. More awareness.« Er ist begeistert. Er findet das alles »very profound«!

Dann lässt er mich die Testbatterie noch einmal machen. Das Gesichterpuzzle lege ich nun etwas schneller. Meine Zeichnungen fallen ebenfalls anders aus, wenn auch nicht spektakulär anders. Der Stoffhund hat zumindest etwas Ähnlichkeit mit dem Stoffhund bekommen:

»Much more detail!«, meint Snyder. »And look at those legs!«
Ich weiß nicht. Es stimmt, es sind mehr Details in der
Zeichnung, aber schließlich zeichne ich den Hund jetzt zum
zweiten Mal. Scheint mir eine reine Übungssache zu sein.

Das könne man in meinem Fall natürlich nicht ausschlie-
ßen, räumt Snyder ein. Er glaube allerdings nicht, dass das die
ganze Erklärung sei. In einem seiner Versuche habe er die Testpersonen schon *vor* der Magnetstimulation mehrfach zeichnen
lassen und der Stil sei der Gleiche geblieben. Unmittelbar nach
der Stimulation jedoch habe sich bei einigen der Zeichenstil
drastisch verändert. Als die Wirkung der Stimulation eine
Dreiviertelstunde später nachließ, seien die Meisten von ihnen
dann wieder zu ihrem ursprünglichen Stil zurückgekehrt.[187]

Snyder meint: Es sei die Magnetbehandlung, die den Zeichenstil der Leute verändert habe. Er hat diese und weitere Befunde bereits in mehreren Fachpublikationen veröffentlicht.[188]
Viele seiner Kollegen bleiben dennoch skeptisch.

Als eine Forscherin der Flinders University im australischen
Adelaide, die Professorin Robyn Young, die für ihre Doktorarbeit gut 50 Savants untersucht hat, erstmals von Snyders Idee
hörte, hielt sie sie für »blanken Unsinn«. Ungläubig wiederholte sie den Versuch – und stieß zu ihrer Verblüffung auf ähnliche Resultate: Auch einige ihrer Versuchskaninchen zeichne-
ten nach der Magnetbehandlung besser, detaillierter.

Die Forscherin ist selbst ihrem Ehemann mit dem Magnetstimulator zu Leibe gerückt: Er malte daraufhin ziemlich
schöne Pferde, was er vorher nie gekonnt hatte und was ihm
auch nachher nicht mehr gelang.

»Ich war erstaunt, dass die Stimulation überhaupt etwas bewirkte«, hat mir die Forscherin in ihrem Labor in Adelaide erzählt. »Mein Mann war richtig durcheinander. Als er am nächsten Tag Freunde besuchen wollte, wusste er plötzlich den Weg nicht mehr.« Inzwischen hat Robyn Young den Versuch noch einmal mit 30 Testpersonen wiederholt, mit eher magerem Ergebnis. »Ich bin nach wie vor skeptisch«, sagt sie.[189]

Da ist sie nicht die Einzige. Kritiker meinen, Snyders Ansatz sei zum Scheitern verurteilt. Sie sagen: Selbst wenn sich Savant-Fähigkeiten in jedem von uns verstecken sollten, lassen sich diese wohl nicht so leicht freilegen, wie Snyder meint.

Eines der Hauptprobleme besteht darin, dass man nicht weiß, welche Hirnareale beim Savant-Syndrom genau betroffen sind. Wie es scheint, sind je nach Savant unterschiedliche Hirnteile geschädigt. Wer die Befunde studiert, dem offenbart sich ein hochgradig komplexes, verwirrendes Bild: Oft sind bei Savants zwar Teile der linken Hirnhälfte in Mitleidenschaft gezogen[190], allerdings nicht immer und häufig nicht ausschließlich.[191] Es gibt eben nicht *den* Savant, sondern ein ganzes Spektrum von Savants mit unterschiedlichen Hirnschäden und Talenten.

Snyder lässt sich von der Kritik nicht beirren. »Wir stehen erst am Anfang«, sagt er. »Die Technik ist noch nicht ausgereift. Aber ich bin fest davon überzeugt, dass der Grundgedanke richtig ist: In jedem von uns verbirgt sich ein Savant!«

Tatsächlich ist diese Idee – die inzwischen von mehreren Hirnforschern vertreten wird – nicht völlig aus der Luft gegriffen.

Wie ein Autist die Welt sieht

Ein Vorbild für die Figur *Rain Man* waren die Savant-Zwillinge John und Michael.[192] In ihrer Heimat, den USA, sind sie schon öfter im Fernsehen aufgetreten. Sie sind auch von einigen Experten beschrieben worden, wie dem Neurologen Oliver Sacks in dem Buch *Der Mann, der seine Frau mit einem Hut verwechselte*. Der Forscher traf die Zwillinge, als sie 26 Jahre alt waren. Seit ihrer Kindheit hatten sie ihr Leben in Heilanstalten verbracht.

Einerseits sind die Zwillinge geistig zurückgeblieben, andererseits verfügen sie über spektakuläre Gaben. Das erste Mal, dass Oliver Sacks davon eine Kostprobe zu Gesicht bekam, war, als eines Tages zufällig eine Streichholzschachtel vom Tisch fiel und sich die Streichhölzer über den Boden verteilten. »111«, riefen die Zwillinge im Chor. Dann murmelte John: »37.« Und Michael wiederholte: »37.« Woraufhin John ein drittes Mal »37« sagte und schwieg.

Sacks, der im Laufe seiner Neurologenkarriere schon so manch außergewöhnlichen Zeitgenossen kennengelernt hatte, staunte nicht schlecht. Er zählte die Streichhölzer nach, was ein Weilchen dauerte, und stellte fest: Die Zwillinge hatten richtig gezählt. »Wie konntet ihr die Hölzer so schnell zählen?«, fragte er die beiden verblüfft. Die aber meinten nur: »Wir haben sie nicht gezählt. Wir haben die 111 *gesehen*.« – »Und warum habt ihr ›37‹ gemurmelt und das zweimal wiederholt?« – Antwort, wieder im Chor: »37, 37, 37, 111.«

Wie es schien, war die Zahl 111 im Kopf der Zwillinge wie von selbst in drei gleiche Primzahlen mit der Summe 111 zerfallen. Primzahlen sind Zahlen, die sich nur durch eins und sich selbst teilen lassen, ohne dass ein Rest übrig bleibt.[193]
Das Erstaunlichste an dieser Geschichte ist vielleicht dies: Es war nicht etwa so, dass die Zwillinge den ganzen Tag nichts anderes taten als *Mikado* zu spielen oder Streichhölzer auf den Boden fallen ließen und anschließend zählten. Sie *konnten* es einfach. Wie Sacks schreibt: »Meine Überraschung schien sie zu überraschen – als sei *ich* irgendwie blind ...«[194]
Das ist typisch für Savants. Nicht, dass sie gar nicht üben würden, das tun sie durchaus, und doch: Bei vielen Savants tauchen die besonderen Gaben wie aus heiterem Himmel auf und scheinen sich dann kaum weiterzuentwickeln. Das ist

einer der Gründe dafür, weshalb manche glauben, die Savant-Fähigkeiten seien in uns allen angelegt. Dazu passt, dass sich die ersten Anzeichen von Savant-Fähigkeiten oft schon in der Kindheit zeigen.

Wie bei Howard Potter. Bereits als Junge liebte Howard Erbsen. Einmal jedoch, nachdem er einen kurzen Blick auf den Teller seines Bruders Dunkan geworfen hatte, ärgerte er sich: Dunkans Erbsenberg hatte zwei Erbsen mehr! Irritiert zählten die Eltern nach. Und tatsächlich: Der arme Howard war um genau zwei Erbsen zu kurz gekommen.

Heute ist Howard Potter um die 40 und lebt immer noch bei seinen Eltern an der Südküste Englands. Er ist ein klassischer Savant: Die Wurzel aus 73 zu ziehen bereitet ihm keine Probleme, aber sich selbst ein Spiegelei zu braten, das ist ihm eine Nummer zu hoch.[195]

Der amerikanische Arzt Darold Treffert hat sich sein Forscherleben lang mit Savants beschäftigt. Er sammelt ihre Fallgeschichten wie andere Briefmarken. Dr. Treffert kennt sie alle. Sein Fazit: Etwa die Hälfte der Savants ist autistisch. Viele sind geistig zurückgeblieben und zeigen doch auf einem Gebiet oder einigen wenigen Gebieten geniale Fähigkeiten. Savants sind »Inselgenies«.[196]

Manche sind Klaviergenies, wie Leslie Lemke, den wir ja schon in der Einführung kennengelernt haben. Für alle, die Einführungen grundsätzlich nicht lesen oder ein »Gedächtnis« wie ich haben, hier noch einmal zur Auffrischung: Leslie Lemke ist blind. Aber er hat das perfekte Gehör. Eines Abends, da war Leslie gerade mal 14, hörte er im Fernsehen Tschaikowskys Klavierkonzert Nr. 1. Nachts wachte Leslies Adoptivmutter May auf, weil sie Musik hörte. Sie ging ins Wohnzimmer, um nachzusehen. Dort saß Leslie und spielte Tschaikowskys Klavierkonzert, und das, obwohl er das Stück – so berichtet zumindest Treffert – nur ein einziges Mal gehört hatte.

Auch Leslie scheint für seine außergewöhnliche Fähigkeit keine Übung zu brauchen. Spielt man ihm ein Stück vor, spielt er es auf Anhieb *exakt* so nach, wie er es gehört hat. Einmal hat ein bekannter norwegischer Pianist Leslie getestet: Er spielte ihm ein komplexes Stück von Edvard Grieg vor, baute dabei aber absichtlich einen Fehler ein. Leslie setzte sich ans Klavier und reproduzierte das Stück nach einmaligem Hören mit der ihm eigenen Präzision, *Fehler inklusive*. [197]

Andere Savants haben ein fotografisches Gedächtnis, sind wandelnde Enzyklopädien oder können zu jedem Datum den Wochentag nennen.

Savants beschäftigen sich oft mit Details, die für unsereins vollkommen bedeutungslos sind. Sie können sich stundenlang mit Telefonbüchern oder Fahrplänen befassen, ohne dass ihnen langweilig wird. Einer, ein gewisser Herr K. (sic!), zählte einen Monat lang alle Bisse mit, die er beim Essen tat, und kam dabei auf 9510. Herr K. kannte auch die Distanz aller Städte von New York und von Chicago sowie die Entfernung jeder Stadt eines bestimmten US-Bundesstaats zur größten Stadt dieses Bundesstaats. [198]

Diese Liebe für skurrile Details ist typisch für Savants. Dabei fehlt ihnen häufig der Blick fürs Ganze, für Zusammenhänge, für die »Bedeutung« der Dinge. Gerade das, meint Allan Snyder, macht ihre Stärke aus: Savants sehen zwar den Wald vor lauter Bäumen nicht, *dafür sehen sie die Bäume umso schärfer*. Wir dagegen, die »Normalos«, sehen oft vor lauter Wald die Bäume nicht mehr.

Das »normale« Gehirn interessiert sich nämlich nicht für jedes Detail, es interessiert sich nur für die übergeordneten »Konzepte«, die sich aus den Details ergeben.

Nehmen wir das Sehen als Beispiel. Wenn wir die Augen aufschlagen, strömen Sekunde für Sekunde Millionen von Informationen in unser Gehirn, die zum größten Teil unbewusst verarbeitet werden. Haben wir ein Pferd vor uns, hören wir unser Gehirn nicht Sätze murmeln wie: »Aha, hier sind ein paar Dutzend Schatten, dort auch, da sind soundso viele Striche, hier ist eine Krümmung von soundso viel Grad ... Also, mal sehen. . . . das muss sich wohl um ein Pferd handeln!« Nein, das Unbewusste übernimmt diese Detailarbeit und meldet dem Bewusstsein nur das Resultat.

Auch wenn zahlreiche Details des Pferds auf unserer Netzhaut und in unserem Gehirn landen, dringen nur wenige dieser Details bis zu »uns« durch. Was uns bewusst wird, ist ein stark *informationsreduziertes* Bild. Wir bekommen nicht sämtliche Einzelinformationen der Außenwelt präsentiert, sondern eine sinnvolle Zusammenfassung davon, die wir als »Pferd« bezeichnen.

Bei autistischen Menschen ist es genau umgekehrt. Sie konzentrieren sich auf die Details. Sie haben Probleme damit, die Rohdaten, die auf sie einströmen, in Konzepte und Schemata zu pressen, so wie wir das automatisch tun. Sie sehen nicht das Ganze, sondern die Teile. Überspitzt gesagt: Sie sehen nicht das Pferd, sondern Pferde-Pixel.

Normalerweise *unterdrückt* das Gehirn die Wahrnehmung der Details nachgerade – zugunsten eines überschaubaren Gesamtbilds. Das Hirn wurde schließlich nicht dazu erfunden, um Pixel zu sehen. Pixel sind für unser Überleben unwichtig, um nicht zu sagen hinderlich. Es kommt darauf an, das Bild zu sehen. Es kommt darauf an, den Säbelzahntiger zu erkennen und nicht irgendwelche Säbelzahntiger-Pixel. Also verschont das Hirn uns mit all den kleinen »nutzlosen« Details und fasst sie zu für das Überleben nützliche Gesamtbilder und Konzepte zusammen.

Haben sich diese Konzepte erst einmal gebildet, scannen wir unsere Umwelt regelrecht nach den Konzepten ab. Wir sehen nicht mehr, was da draußen ist, sondern unsere Konzepte.[199]

Das geht so weit, dass wir irgendwann auch da noch Konzepte sehen, wo keine sind, wo es im Grunde nichts als Pixel oder Flecken gibt. Wie in diesem Bild:

Meist dauert es eine Weile, bis das Gehirn die Flecken zu einem sinnvollen Ganzen verbunden hat und das Konzept »Dalmatiner« erscheint:

Aber befindet sich wirklich ein Dalmatiner im Bild? Streng genommen besteht das Bild aus Punkten, Klecksen und schwarzen Flecken. Und doch, das Dalmatiner-Konzept steckt so tief in uns drin, dass wir auch in ein paar Flecken einen Dalmatiner erkennen: Unser Gehirn hat eben gelernt, Kleckse, die in einer gewissen Konstellation auftreten, zu dem Konzept »Dalmatiner« zusammenzufassen.

Im Laufe unseres Lebens bilden sich in unserem Hirn Zigtausende solcher Konzepte, mit denen wir die Welt wahrnehmen. Mit unseren Konzepten bringen wir Ordnung in das Chaos da draußen. Allmählich werden wir unschlagbar darin, Muster zu erkennen.

Ja, irgendwann sehen wir *überall* Muster, auch dort, wo es »keine« gibt: in den Wolken, im Sternenhimmel, im Kaffee-satz. Am Ende nehmen wir die Welt nicht mehr »als solche« wahr, sondern wir sehen die Welt durch die Brille unserer Konzepte. Wir sehen nicht mehr, was da draußen ist, sondern projizieren das, was wir kennen, auf die Außenwelt. Wir pressen die Wirklichkeit in unsere Schemata.[200]

Allan Snyder hat das »Dalmatiner«-Bild einmal einem Afrikaner gezeigt, der noch nie einen Dalmatiner gesehen hatte, dafür jede Menge Hyänen. Konsequenterweise sah der Mann in dem Bild keinen Dalmatiner, sondern eine Hyäne:

Ich kannte das Dalmatiner-Bild schon länger und hatte noch *nie* eine Hyäne darin gesehen. Jetzt sehe ich immer beides, Dalmatiner und Hyäne.

In eine ähnliche Richtung geht folgender kleiner Test. Bitte zählen Sie doch mal, wie viele F sich in diesem Satz befinden:

FINISHED FILES ARE THE
RESULT OF YEARS OF SCIENTIFIC
STUDY COMBINED WITH THE
EXPERIENCE OF YEARS

Na? Auf wie viele F kommen Sie? Auf drei? Vier? Vielleicht sogar fünf? Es sind sechs. Die Ironie dabei ist: Je *besser* Ihr Englisch ist, desto *weniger* F sehen Sie.

Der Test demonstriert: Je besser wir eine Sache zu »beherr-schen« lernen, desto weniger beachten wir die »bedeutungslo-sen« Details, aus denen sich die Sache zusammensetzt. Je mehr wir eine Sprache lernen, desto weniger sehen wir die Buchsta-ben. Die sind schließlich nur Mittel zum Zweck. Wir sehen das, worauf es ankommt, und das sind die Wörter.

Irgendwann aber sehen wir auch die Wörter nicht mehr, weil es, wie beim Lesen dieses Buchs, vor allem auf die Sätze ankommt. Doch selbst auf die einzelnen Sätze kommt es nicht an: Also verschwinden auch sie und werden durch ihre Bedeutung ersetzt. Würden Sie das Buch jetzt zuschlagen, könnten Sie vermutlich nicht den genauen Wortlaut dieses Absatzes wiederholen – aber seine Bedeutung ist Ihnen völlig klar.

So tun wir es mit allem. Alle Details, die wir wahrnehmen und die keine Bedeutung fürs Ganze haben, werden eliminiert. Wir *meinen* sie zu sehen, sehen sie aber nicht. Es ist erstaun-lich, was wir alles *nicht* sehen. Vieles bekommen wir Tag für Tag zu Gesicht, wir könnten schwören, dass wir es in- und aus-wendig kennen. Und doch, würde man uns dazu auffordern, die Sachen zu beschreiben, kämen wir ganz schön in Verlegen-heit. Wie viele Muttermale hat das Gesicht Ihres Partners? Wie viele Muttermale hat denn eigentlich Ihr eigenes Gesicht? Lis-ten Sie doch mal alle Gegenstände auf, die sich in Ihrem Wohnzimmer befinden. Ich persönlich komme nicht einmal auf ein Drittel. Es ist seltsam: Diese Dinge sehen wir jeden Tag und sehen sie doch nicht.

Dass wir die Welt nicht sehen, wie sie ist, sondern vielmehr »optische Zusammenfassungen« davon, ist ein Grund dafür, weshalb es uns so schwerfällt, die Welt detailgetreu und wirk-lichkeitsnah zu zeichnen. Wie denn auch? Wie sollten wir et-was zeichnen, das wir nicht sehen? Wir »sehen« unsere Kon-zepte – und die zeichnen wir auch. Wir zeichnen nicht die Wirklichkeit, wie sie ist, sondern unsere bewussten, informati-onsreduzierten Schemata der Wirklichkeit. Fordert man uns auf, einen Hund zu malen, bringen wir keinen Hund zu Papier, sondern das Schema von einem Hund. Ich habe die Beine meines Stoffhundes in der Zeichnung vor der Magnetstimulation einfach auf Striche reduziert: Es sind keine Beine, es sind Schemata von Beinen.

Autistische Menschen sehen die Welt nicht konzeptionell und nicht schematisch. Sie haben Mühe damit, die Teile zu einem sinnvollen Ganzen zusammenzufügen. Für sie ist die Welt da draußen ein heilloses Durcheinander – deshalb lieben sie Rituale. Weil ihr Gehirn das Chaos nicht reduzieren kann, bleibt ihnen nichts anderes übrig, als das Chaos per Verhalten zu reduzieren.

Manche Forscher meinen: Autisten sehen die Welt, »wie sie wirklich ist«. In all ihren Details, ohne zusammenfassende Konzepte. Aus diesem Grund fällt es ihnen auch leichter, detailgetreu und wirklichkeitsnah zu zeichnen. Einige sind darin sogar phänomenal gut.

Stephen Wiltshire ist so einer.[201] Als Kind hatte Stephen massive Sprachprobleme. Er war in sich gekehrt und stumm. Mit keinem Menschen nahm er eine Verbindung auf. Augenkontakt ertrug er nicht. Als er drei war, diagnostizierte man bei ihm Autismus.

Auch in der Sonderschule für Kinder mit Lernstörungen lebte Stephen völlig abgekapselt in seiner eigenen Welt. »Er kannte die Namen der anderen in der Klasse«, erinnert sich sein Lehrer, »aber es gab kein Anzeichen für Interaktion oder Freundschaft mit ihnen. Der kleine Kerl war schrecklich isoliert.«[202] Und er schwieg.

Eines Tages sagte Stephen doch ein Wort: »Papier?«[203] Er wollte Papier, um das zu tun, was er schon damals am liebsten tat: Zeichnen. Stundenlang konnte er allein in einer Ecke sitzen und zeichnen und zeichnen und zeichnen. In der Schule nannte man ihn einfach nur »den Zeichner«.[204]

Im Jahr 2001 brachte die BBC einen Dokumentarfilm über Savants, in dem Stephen Wiltshire der Star war. Zusammen mit den BBC-Reportern stieg er in einen Hubschrauber und machte eine Sightseeingtour über London, an der St. Paul's Cathedral entlang, über die Themse, die Tower Bridge …

Nach der Landung machte sich Stephen an die Arbeit und malte, was er gesehen hatte. Binnen drei Stunden zeichnete er die Innenstadt Londons aus der Vogelperspektive – etwa 200 Gebäude, fotografisch genau und scheinbar ohne jede Mühe.[205]

Zwei deutsche Dokumentarfilmer haben dieses »Experiment« kürzlich wiederholt: Eine Dreiviertelstunde flogen sie mit Stephen über Rom. Danach machte sich der junge Mann mit seiner Baseballkappe auf dem Kopf und einem Walkman in den Ohren wieder ans Zeichnen. Wer die Bilder sieht, bekommt den Eindruck, Stephen Wiltshire sei eine lebende Kamera. Er druckt seine Bilder förmlich aufs Papier: den Vatikan, das Kolosseum, jedes Gebäude, jedes Fenster, jedes Detail. Für Rom stand Stephen ein riesiger Panoramastreifen von einem Meter Höhe und fünf Metern Breite zur Verfügung. Drei Tage brauchte er, um die Ewige Stadt »auszudrucken«, und das Einzige, was ihn dabei gelegentlich aufhielt, waren ein müder Arm und eine müde Hand.[206]

Inzwischen ist Stephen ein Mann von Anfang 30. Er lebt bei seiner Mutter in London. Dank einer Therapie hat er sprechen gelernt, und man kann sich mit ihm unterhalten, aber es ist schwierig. Als Psychologen vor Jahren einmal seinen IQ testeten, erwies Stephen sich als einer der begabtesten Savants, die sie je untersucht hatten, mit – wie nicht weiter überraschend –

besonders guten visuellen Leistungen. Sein verbaler IQ jedoch betrug 52 Punkte (100 Punkte sind durchschnittlich).[207]

Man könnte meinen, Stephen sei ein genialer Zeichner, *obwohl* seine Sprachfähigkeit eingeschränkt ist. Vielleicht ist er aber auch ein Zeichengenie, *weil* er mit der Sprache so seine Schwierigkeiten hat.

In Zeichnungen sprechen

Kürzlich drückte mir eine Kollegin, nachdem ich ihr von meinem Sydney-Trip erzählt hatte, das Buch *Die Pforten der Wahrnehmung* des britischen Schriftstellers Aldous Huxley (Autor des Romans *Schöne neue Welt*) in die Hand. Huxley berichtet darin von einem Selbstversuch mit der Droge Meskalin.

Ich war perplex. Schon nach den ersten Seiten bekam ich das Gefühl, Huxley würde mein Erlebnis mit der Magnetstimulation beschreiben: »Wie bezeichnend ist in diesem Zusammenhang die unter der Einwirkung des Meskalins ungeheuer verstärkte Wahrnehmung von Farbe!«, schreibt Huxley. »Meskalin verleiht allen Farben erhöhte Kraft und Tiefe und bringt dem Wahrnehmenden unzählige feine Schattierungen ins Bewusstsein, für die er zu gewöhnlichen Zeiten völlig blind ist.«

Mit jeder Seite wuchs mein Erstaunen. Huxleys Schilderung – die aus den 1950er Jahren stammt – hat streckenweise eine fast unheimliche Ähnlichkeit mit Autismus, obwohl das Wort »Autismus« an keiner Stelle im Text auftaucht. »Das ist die Art und Weise, wie man sehen sollte und wie die Dinge in Wirklichkeit sind«, schreibt Huxley. »Und doch gab es da Vorbehalte. Denn sähe man immer so, würde man nie etwas anderes tun wollen. [...] Aber wie stünde es in diesem Fall mit den Mitmenschen? Mit menschlichen Beziehungen?« Huxley bemerkt sogar, wie er »[...] absichtlich die Augen der außer mir im Raum anwesenden Personen vermied [...] Es waren meine Frau und ein Mann, den ich schätze und sehr gern habe.« Als hätte das Meskalin ihm autistische Züge verliehen.

»Aus dem Geleise gewöhnlicher Wahrnehmung geworfen zu werden«, schreibt Huxley weiter, »während einiger zeitloser Stunden die äußere und die innere Welt nicht so zu sehen zu bekommen, wie sie einem vom Trieb zum Überleben besessenen Tier oder einem von Worten und Begriffen besessenen Menschen erscheinen, sondern wie sie, unmittelbar und unbedingt, vom totalen Geist aufgefasst werden können – das ist ein Erlebnis von unschätzbarem Wert für den Menschen [...].«

Und dann zieht Huxley sein Fazit: »Wir müssen lernen, Worte wirksam zu gebrauchen; dabei aber müssen wir unsere Fähigkeit bewahren und womöglich verstärken, die Welt unmittelbar und nicht durch das nur halb durchsichtige Medium von Begriffen anzuschauen, das jede gegebene Tatsache zu einer nur allzu vertrauten Ähnlichkeit mit irgendeinem klassifizierenden Etikett oder einer erklärenden Abstraktion verzerrt. Unsere ganze Bildung [...] basiert vorwiegend auf Sprache und verfehlt daher den Zweck, den sie erreichen soll.«[208]

Rückendeckung holt sich Huxley bei Goethe, der kurz vor seinem 60. Geburtstag meinte: »Wir sprechen überhaupt viel zu viel. Wir sollten weniger sprechen und mehr zeichnen. Ich meinerseits möchte mir das Reden ganz abgewöhnen und wie die bildende Natur in lauter Zeichnungen fortsprechen.«[209]

Goethe, könnte man einwenden, kokettierte. Jedenfalls hat er seine Absicht nie beim Wort genommen und munter weiter geschrieben und leidenschaftlich erzählt. Aber hat er nicht auch ein bisschen recht?

Unser Abheben auf abstrakte Systeme wie die Sprache macht uns effektiv und zugleich blind für die sinnlichen Details der Wirklichkeit. Wir versuchen, unsere Erfahrungen in Konzepte, Kategorien und Sprache zu fassen. Wir sehen die Welt *funktionell*. Dabei entgehen uns all jene Aspekte, die »keine Funktion« haben. Sie existieren nicht für uns. Irgendwann sehen wir die Wirklichkeit nur noch durch die Schablonen unserer Schemata. Stephen Wiltshire fehlen diese Schablonen – und darin scheint, zumindest zum Teil, das Geheimnis seiner Zeichenkunst zu liegen.

Stephen Wiltshire ist ein Ausnahmetalent, doch selbst er ist nicht einmalig. Mindestens ebenso eindruckvoll ist die Geschichte des autistischen Mädchens Nadia.

Wie schon in der Einführung erwähnt, lebte auch Nadia als kleines Kind abgekapselt in einer stummen, visuellen Welt. Nadias Sprachprobleme waren immens: Als sie fünf Jahre alt war, bestand ihr aktives Vokabular aus weniger als zehn Wörtern. Mit übergeordneten Konzepten, etwa dem Konzept »Stuhl«, konnte sie nichts anfangen. Dafür zeichnete sie mit ungeahnter Präzision. Am liebsten waren ihr Pferde:

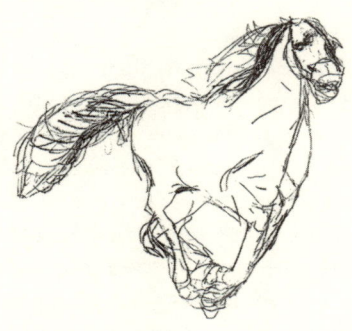

Beim Zeichnen – und nur beim Zeichnen – lebte Nadia auf. Sie setzte ihren Kugelschreiber an einem willkürlichen Punkt an und malte nie direkt nach einer Vorlage, sondern immer aus dem Gedächtnis, zum Beispiel etwas, das sie ein paar Tage zuvor gesehen hatte: ein Pferd, einen Hahn, eine Kuh, manchmal auch Menschen.

Einmal hat die Psychologin Lorna Selfe von der Universität Nottingham, die Nadia untersuchte, Nadias Zeichentechnik per Video festgehalten. Innerhalb von zwei Minuten malte Nadia einen Pferdekopf, den die Forscherin nie zuvor bei ihr gesehen hatte. Dabei begann sie nicht, wie es üblich ist, mit einem groben Schema, um es dann mit Details auszuschmücken. Nein, sie fing mit einem beliebigen Detail an, dem Nacken, und hangelte sich anschließend von Detail zu Detail, bis

allmählich der Pferdekopf zum Vorschein kam. Die Ohren zeichnete sie, noch bevor sie den Kopf gezeichnet hatte. Nadia schien einfach kein Schema zur Orientierung der Einzelteile zu brauchen – was vermutlich daran lag, dass sie die Welt nicht schematisch sah, sondern so, »wie sie wirklich ist«. »Nadia«, formuliert es die Psychologin Selfe, »mit ihrer extremen Einschränkung der sprachlichen und intellektuellen Seite, zeichnete, was sie wahrnahm.« [210]

Das änderte sich erst, als Nadia im Alter von sieben Jahren und sieben Monaten in eine Schule für autistische Kinder kam, wo man ihr systematisch das Sprechen beibrachte. Sie begann, spontan Fragen zu stellen, und sagte zum Beispiel »Ich hätte gern ein Pflaster«, als sie sich einmal in den Finger geschnitten hatte. Die Bilder, die sie malte, konnte sie nun ebenfalls beschreiben.

Das Problem war nur: Sie malte immer weniger – und wenn doch, dann war von den einstigen Geniestrichen nicht mehr viel zu erkennen. Die Details verschwanden aus ihren Zeichnungen, ihre Bilder wurden, wie Selfes Vorgesetzte, die Psychologin Elisabeth Newson berichtet, »viel ökonomischer«. Es war, als hätte die Sprache Nadias Zeichengenie ausgelöscht. [211]

Patienten, die zu Künstlern wurden

Bei einigen Menschen lässt sich etwas beobachten, das in gewisser Weise den umgekehrten Vorgang spiegelt: Sie verlieren die Sprache und werden daraufhin zu Künstlern.

Ein Neurologe der University of California in San Francisco, Bruce Miller, hat mehrere solcher Menschen beschrieben. Sie alle litten unter einer seltenen Form des geistigen Verfalls, der »frontotemporalen Demenz«. Dabei kommt es zu einem zunehmenden Abbau von Nervenzellen im Stirnhirn sowie im vorderen Schläfenlappen – dort, wo Snyder seinen Magnetstimulator ansetzt.

Einer dieser Patienten war ein Geschäftsmann, der nie etwas

mit Kunst am Hut gehabt hatte. Bruce Miller hat die Fallgeschichte im Medizinerfachblatt *The Lancet* dokumentiert. Als der Mann Mitte 50 war, bemerkte er eine Veränderung in sich. Geräusche und Licht erlebte er nun manchmal so intensiv, dass es ihn schmerzte. Er entwickelte eine bipolare Depression oder zumindest etwas, das sehr in diese Richtung ging. War er in einer manischen Phase, wurde er plötzlich hochkreativ und fing an zu malen. Seine sprachlichen Fähigkeiten nahmen mit den Jahren immer mehr ab, er wurde asozial, klaute, beschimpfte fremde Leute. Zugleich wurden seine Gemälde immer besser, präziser, detaillierter. Schließlich gewann er sogar einige Preise für seine Werke. Leider schritt die Demenz ungemindert fort und mit Ende 60 war das Hirn des Mannes so zerfressen, dass er bei Dr. Miller in der Neurologie landete.[212]

Eine andere Patientin war Kunstlehrerin an einer Highschool. Sie hatte zwar schon immer gemalt, doch das, was sie malte, war nicht gerade herausragend. Auch nicht schlecht. Solider Durchschnitt halt. Am liebsten malte sie Landschaften, Aquarelle.

Die Wende kam schleichend. Zunehmend fiel es der Lehrerin schwer, die Werke ihrer Schüler zu beurteilen. Irgendwann gelang es ihr nicht mehr, den Unterricht vorzubereiten. Sie verlor die Kontrolle über die Klasse. Als sie sich schließlich nicht mehr die Namen ihrer Schüler merken konnte, zog sie die Konsequenz und kündigte.

Der geistige Abbau nahm seinen Lauf, die Sprache der Frau verfiel. »Ihre Gemälde aber wurden wilder und freier und origineller«, berichtet Miller. Sie fing an, verschiedene Stile miteinander zu kombinieren, und schuf nach Einschätzung des Arztes »eine außerordentliche Serie von Gemälden«, darunter zwölf Männerakte. Die Bilder, die früher stets realistisch gewesen waren, bekamen einen »intensiv-emotionalen, impressionistischen Stil«.[213]

Der Neurologe Miller hat eine ganze Reihe solcher Fallgeschichten beschrieben. Sie sind faszinierend und erschütternd zugleich. Besonders bemerkenswert ist, dass sich dabei das gleiche Muster wiederholt: Während die Sprache der Demenz zum Opfer fällt, wird die visuelle – manchmal auch musische – Ausdruckskraft der Menschen geradezu *entfesselt*. Miller hält das nicht für einen Zufall, er sieht darin einen kausalen Zusammenhang: »Die Befreiung von sprachlich dominierten Denkmustern«, fasst der Experte seine Beobachtungen zusammen, »scheint ein entscheidender Faktor zu sein für das Entstehen künstlerischer Fähigkeiten in solchen Patienten.«[214]

Lassen Sie Ihrem Geist freien Lauf

Aus all diesen Befunden allgemeine Schlüsse zu ziehen, ist nicht leicht. Das Fazit, es sei eine erstrebenswerte Sache, die Sprache zu verlieren oder gar nicht erst zu lernen, wäre natürlich purer Unsinn. Man darf nicht vergessen, dass die meisten Autisten nicht über so außergewöhnliche Fähigkeiten wie Nadia und Stephen Wiltshire verfügen. Ebenso wenig macht eine Demenz automatisch kreativ, im Gegenteil, die Folgen des geistigen Verfalls sind grauenhaft – selbst bei den seltenen Ausnahmen, die dabei auf sonderbare Weise einen »Kreativitätsschub« erleben.

Darum geht es nicht. Es geht darum, dass diese Ausnahmen auf etwas Wichtiges hindeuten, darauf nämlich, wie unser Gehirn funktioniert. Sie zeigen uns, dass es in unserem Hirn nicht nur eine einzige Instanz gibt, das rationale Ich, das mit einer gewissen Intelligenz ausgestattet ist, mit der sich – wie mit einer Art Generalschlüssel – jedes Problem mehr oder weniger gut lösen lässt. Vielmehr besteht unser Gehirn aus vielen unterschiedlichen Teilen, aus verschiedenen Kräften und Gegenkräften.

Diese Kräfte arbeiten oft, aber nicht immer nur brav zusammen. Sie *hemmen* sich auch gegenseitig. Der »Sieg« einer Kraft wie der Sprache kann mit einer »Niederlage« anderer Kräfte, wie der visuellen Vorstellungskraft, einhergehen – und umgekehrt. Etwas Ähnliches passiert, wenn ein blinder Mensch ein besonders feines Gehör entwickelt: Die Ausbildung der einen Fähigkeit geht auf Kosten der anderen.

Bereits Goethe hatte dieses Hirnprinzip erkannt, als er sich vornahm, eine Zeit lang zu schweigen, um sich stattdessen in Zeichnungen auszudrücken. Wenn er sich eine Weile *sprachlich blind* stellen würde, so seine Hoffnung, würde er damit seine visuellen, zeichnerischen Fähigkeiten »anspitzen«.

Doch Goethes Selbstversuch scheiterte schon im Ansatz. So einfach lässt sich das Gehirn nicht austricksen. Wer einmal die Sprache gelernt hat, dem nützt es nicht viel, für eine Weile stumm durch die Welt zu gehen. Selbst wenn man es wollte: Man kann die Sprache nicht mir nichts, dir nichts wegwischen, man kann sie nicht *wegdenken*. Für denjenigen, der sie beherrscht, ist sie einfach *zu* effektiv, um sie durch eine andere Ausdrucksform zu ersetzen.

Mir fällt da eine kleine Geschichte mit meinem Studienfreund Christian ein. Christians Muttersprache ist Französisch, und eines Tages hatten wir uns fest vorgenommen, nur noch Französisch zu sprechen, damit auch ich endlich mal Französisch lerne. Es hat genau einen Nachmittag funktioniert. Am Abend sprachen wir wieder Deutsch. Deutsch war einfach zu effektiv.

Aber es kann ja auch gar nicht unser Ziel sein, die Sprache zu verdrängen. Eine Möglichkeit jedoch wäre, nicht *nur*, nicht so *einseitig* auf die Sprache abzuheben, wie wir das gegenwärtig tun. Wir setzen in unserer Kultur dermaßen stark auf Sprache und Ratio, dass vieles dahinter zurücktreten muss.

Das ist kein neuer Einwand, er ist immer wieder erhoben worden, seit die Vernunft ihren Feldzug gegen alles, was nicht Vernunft ist, antrat. Neu aber ist, dass heute eben nicht mehr nur Dichter und Romantiker zu dieser Ansicht gelangen, nicht nur Stürmer und Dränger, sondern auch Wissenschaftler, Naturwissenschaftler inklusive.

»Wir setzen derzeit vor allem auf die rationale Sprache als Kommunikationsinstrument«, urteilt zum Beispiel Wolf Singer, Direktor am Max-Planck-Institut für Hirnforschung in

Frankfurt. »Sie ist das einzige [...] Ausdrucksmittel, das unser Erziehungssystem mit Nachdruck ausbildet.« Nicht-rationale Formen sich zu äußern, wie bildnerische, musische oder tänzerische, würden dagegen allzu sehr vernachlässigt. Dabei seien gerade sie dazu geeignet, widersprüchliche Empfindungen zu vermitteln, »weil sie nicht an binäre Logik gebunden sind«. Singer fährt fort: »Ich behaupte [...], dass alle Kinder mit dem Angebot kommen, diese nicht-rationalen Kommunikations- und Ausdrucksmittel zu nutzen und dass alle Kinder über sie verfügen, dass wir diese aber zu wenig und wenn überhaupt, dann zu spät fördern und sie auf Kosten der Ausbildung der rationalen Sprache vernachlässigen oder gar unterdrücken. [...] Und so müssen wir uns meist damit begnügen, uns mit dem relativ jämmerlichen Vehikel rationaler Sprachen verständlich zu machen.«

Der Hirnforscher Singer ist alles andere als ein esoterischer Guru, und doch träumt er von einer »Friedenskonferenz, bei der versucht wird, mit allen verfügbaren Ausdrucksmitteln – also nicht nur Sprache, sondern auch Musik, Gesang, Tanz und Bildern – zu erklären, welches die respektiven Ängste und Nöte sind, eine Art ›Jam-Session‹ ausdruckskompetenter Vermittler«.[215]

Darin liegt das Neue. Die Ratio ist immer wieder kritisiert und angegriffen worden, oft jedoch aus einer eher irrationalen Ecke heraus: im Mittelalter von seiten der Frommen, während des Sturm-und-Drangs von seiten der Romantiker. Jetzt ist es die Ratio *selbst*, die ihre eigenen Grenzen erkennt und anerkennt.

Und gut, dass George W. Bush Ban Ki Moon und die UNO zum Tanz auffordert und sich alle gegenseitig ihre Ängste und Nöte auf diese Weise näherbringen, diese Sensationsmeldung wird wohl für immer eine Utopie bleiben. Doch das hindert *uns* ja nicht daran, die nicht-rationalen Fähigkeiten, die in uns schlummern, in Zukunft etwas mehr schätzen zu lernen und etwas mehr Raum zu geben, sich zu entfalten.

Sokrates sagte: Ich gehorche nichts anderem in mir als dem

Logos.[216] Das griechische Wort *logos* bedeutet sowohl Sprechen als auch Denken; auf beides haben wir in unserer Gesellschaft immer stärker und immer einseitiger gesetzt.

Doch der Logos hat seine Grenzen. Das Letzte, was ich mir wünsche, ist eine Welt, in der das Irrationale herrscht. Aber man kann es auch mit der Ratio so weit treiben, dass am Ende etwas Irrationales dabei herauskommt. Wenn die Tendenz zum Beispiel dahin geht, dass Schüler beim Abitur im Fach Kunst statt ein Bild zu malen einen Aufsatz schreiben sollen, dann läuft etwas schief.[217]

Es geht etwas verloren dabei. Es geht all das verloren, was sich nicht mit rationaler Sprache ausdrücken lässt – und das ist eine Menge. Unterschwellig wird uns damit suggeriert, dass es am Ende nur auf die Ratio und die Sprache ankommt: Nur sie sind wirklich wichtig und was immer sich nicht in ihr Format bringen lässt, ist zweitrangig.

Dabei ist es oft doch genau umgekehrt, oft lässt sich doch gerade das, worauf es wirklich ankommt, nicht in Sprache fassen.

Eine Episode aus Beethovens Leben drückt vielleicht etwas besser aus, was ich meine. Es war im Jahr 1809, und die Baronin Dorothea Ertmann, eine Schülerin und Freundin Beethovens und außerdem eine der besten Pianistinnen Wiens, hatte ihr einziges Kind verloren. Die Baronin war am Boden zerstört und wartete zunächst vergeblich auf Beethovens Besuch. Dann kam er plötzlich – ohne ein Wort zu sagen. Wie sich die Baronin erinnert: »Endlich nach mehreren Wochen erschien er. Doch statt sein Beileid mit Worten auszudrücken, setzte er sich sogleich, mich stumm grüßend, an das Klavier und phantasierte während langer Zeit. Wer könnte diese Musik mit Worten beschreiben! Man glaubte Engelschöre zu hören, welche den Einzug meines Kindes in die höheren Sphären feierten. Als Beethoven geendet hatte, drückte er mir stumm die Hand, er selbst war zu aufgeregt, um sprechen zu können, und verschwand.«[218]

Anhang

Quellennachweise und Anmerkungen

1 Tammet (2006)

2 Treffert (2006)

3 Treffert (2006)

4 Selfe (1977)

5 Treffert (2006)

6 Zahlen aus: Singer (2006)

7 http://de.wikipedia.org/wiki/Universum

8 Mit »rationaler Sprache« meine ich die Sprache, wie wir sie im Alltag üblicherweise benutzen, also eine logische, argumentative Sprache – im Gegensatz zur eher assoziativen Bildersprache in Liedern und Lyrik.

9 Brooks (2002)

10 Massachusetts Institute of Technology im amerikanischen Cambridge bei Boston

11 Minsky (2006)

12 Auch der Behaviorismus war von einem kruden Reduktionismus und Rationalismus geprägt. Beispielsweise meinte der US-Psychologe B. F. Skinner, die Hauptfigur des modernen Behaviorismus, wir alle sollten durch Belohnungen dazu gebracht werden, in großen, gemeinschaftlichen Sälen zu speisen, statt zu Hause mit Freunden und Familie. Skinners Begründung: Große Töpfe hätten ein geringeres Oberflächen-Volumen-Verhältnis als kleine Töpfe und seien somit energiesparender. Siehe: Pinker (2003). PS.: Skinner selbst ist freilich nie in eine Gemeinschaft gezogen und hat sein Abendessen am liebsten im Kreise seiner Familie zu sich genommen.

13 Das heißt: die meisten ihrer Testpersonen, also Studenten, die in der Regel bekanntlich oft tippen.

14 Sie können sich ja mal an Ihren Computer oder Ihre Schreibmaschine setzen und weitere Buchstabenkombinationen ausprobieren, wie FG vs. DO oder FG vs. FK usw. Siehe auch: Beilock & Holt (im Druck).

15 Ein Begriff Jean Pauls, siehe zum Beispiel Lütkehaus (1989)

16 Einstein wörtlich: »Die Wörter oder Sätze, wie sie geschrieben oder gesprochen werden, scheinen in meinem Denkmechanismus keine

Rolle zu spielen. Die physikalischen Einheiten, die offensichtlich als Denkelemente fungieren, sind bestimmte Zeichen oder mehr oder minder klare Bilder, die ›willkürlich‹ reproduziert und auch kombiniert werden können [...]. Vom psychologischen Standpunkt aus scheint dieses Zusammensetzspiel das Wesensmerkmal produktiven Denkens zu sein, ehe durch Worte oder andere mitteilbare Zeichen irgendeine Verbindung zu logischen Konstruktionen besteht. Die obengenannten Elemente sind in jedem Fall visueller Natur, einige auch motorischer. Konventionelle Wörter oder andere Zeichen müssen erst in einem sekundären Stadium mühsam gesucht werden, wenn das beschriebene Assoziationsspiel genügend gefestigt ist und willkürlich reproduziert werden kann.« Zitiert in: Koestler (1966).

17 Zitiert in: Kretschmer (2006). Eine wirklich verlässliche Quelle habe ich für dieses Zitat nicht auftreiben können. Obwohl einige Einstein-Experten auf Nachfrage glaubten, das Zitat sei vermutlich authentisch, wussten auch sie nicht, wo und wann Einstein es gesagt / geschrieben hat. Für einen Hinweis in dieser Sache wäre ich dankbar: bas.kast@tagesspiegel.de

18 Zitiert in: Höffe (1983)

19 Die Zahlen unterscheiden sich. Vorländer (1977) schreibt: Es waren 1787 55663 Einwohner (ohne die 7000 bis 8000 Militärs) sowie gut 4300 Häuser, dazu 600 Speicher und 1000 Ställe. In Vorländer (1986) ist von 6000 Häusern und 500000 Einwohnern die Rede.

20 Zitiert in: Kühn (2003)

21 Jachmann in Groß (1912)

22 Zitiert in: Kühn (2003)

23 Kühn (2003)

24 Jachmann in Groß (1912)

25 Vorländer (1977)

26 Wasianski in Groß (1912)

27 Zitiert in: Hastedt (2005)

28 Zitiert in: Vorländer (1977)

29 Wasianski in Groß (1912)

30 Jachmann in Groß (1912)

31 Wasianski in Groß (1912)

32 Wasianski in Groß (1912)

33 Geier (2003). Die Anekdoten über den späten Kant finden sich in den zeitgenössischen Biographien, versammelt in Groß (1912). Die detailliertesten und wie ich finde besten Biographien sind die von Vorländer (1977) und Kühn (2003). Für eine besonders harsche Kant-Kritik siehe Böhme & Böhme (1983).

34 Jachmann in Groß (1912)

35 Zahlen aus: Beard (2002). Die Zahlen schwanken je nach Quelle. Die meisten Quellen sprechen von um die 300 000 Einwohnern, davon ein Drittel Sklaven. Nur rund 50 000 Athener hatten den Status als Bürger und damit die vollen demokratischen Rechte. Frauen waren vom öffentlichen Leben ausgeschlossen, sie wurden üblicherweise früh verheiratet, standen unter der Fuchtel der Männer und hatten in der Politik nichts zu sagen.

36 Siehe z. B. Beard (2002). Computerrekonstruktionen des Parthenon finden sich unter: http://www.debevec.org/Parthenon/

37 Snell (1955), Jaynes (1988)

38 *Ilias*, erster Gesang, Zeile 210, http://gutenberg.spiegel.de/homer/ilias/ilias012.htm

39 Snell (1955), Jaynes (1988)

40 Jaynes (1988)

41 Jaynes (1988)

42 Koch (2005)

43 Auch der Frankfurter Hirnforscher Wolf Singer (2002) geht in diese Richtung. Er schreibt: »Die Hypothese, die ich diskutieren möchte, ist, dass die Erfahrung, ein autonomes, subjektives Ich zu sein, auf Konstrukten beruht, die im Laufe unserer kulturellen Evolution entwickelt wurden. Selbstkonzepte hätten dann den ontologischen Status einer sozialen Realität.«

44 Zitiert in: Martin (1967)

45 Zu Sokrates siehe z. B. die gute Übersicht von Martens (2004), die Biographie von Irmscher (1982) sowie de Botton (2001) und auch Böhme (1988)

46 Snell (1955)

47 Zitiert in: Hastedt (2005)

48 Siehe für aktuelle Zusammenfassungen: Solomon (2000), Landweer (2004) und Hastedt (2005)

49 Siehe: Nietzsche (1985)

50 Seneca (1980)

51 Für eine Kurzfassung von Seneca und Nero siehe den köstlichen, wenn auch nicht gerade kritischen de Botton (2001), für die lange, seriösere Fassung siehe Fuhrmann (1997). Siehe auch http://de.wikipedia.org/wiki/Nero

52 Zitiert in: Hartmann (2005)

53 Nietzsche (1985)

54 Nietzsche (1985)

55 Auch in der Philosophie kümmert man sich seit Jahrzehnten mehr um das Thema Gefühle – mit Büchern wie *The Passions* von Robert Solomon aus dem Jahr 1976 oder *The Rationality of Emotion* von

Ronald de Sousa aus 1987. Für eine Zusammenfassung siehe z. B. die Dissertation von Croome (2003).

56 Zitiert in: Kuhl (2001)
57 Damasio (1995)
58 Vergleiche auch die Fallgeschichte eines Richters, über den unter anderem der Neurologe Oliver Sacks (1995) berichtet: Der Mann »litt unter einer durch Granatsplitter verursachten Stirnlappenläsion, die dazu führte, dass ihn emotional nichts mehr berührte. Man könnte meinen, das Fehlen von Emotionen und der mit ihnen einhergehenden Wahrnehmungsverzerrungen und Voreingenommenheiten hätten ihn unparteiischer gemacht – ja auf geradezu einzigartige Weise zum Richter prädestiniert. Doch er selbst war aus eigenem Entschluss von seinem Richteramt zurückgetreten, mit der Begründung, er könne sich nicht mehr in die Beweggründe der Beteiligten einfühlen, und da zur Rechtsfindung nicht nur Verstand, sondern auch Gefühl gehöre, glaube er, dass ihn seine Verletzung für eine derartige Aufgabe völlig ungeeignet mache.«
59 Genauer: Ihre Fähigkeit zur Angstkonditionierung ist verlorengegangen, obwohl Damasio (2000) auch berichtet hat, Frau S. würde generell keine Angst mehr empfinden. Mehr dazu in Kapitel 3.
60 Je mehr Studien über die Amygdala erscheinen, desto weniger weiß man, was sie nun eigentlich genau tut. Sie spielt mit Sicherheit eine Rolle bei der klassischen Konditionierung, also dabei, den Reizen der Außenwelt einen Wert zu verleihen. Außerdem scheint sie unsere Aufmerksamkeit auf wichtige Reize in der Umwelt zu lenken, was natürlich bei Angstreizen oft der Fall ist, aber eben nicht nur bei Angstreizen. Unklar ist auch, welche Rolle die Amygdala für das subjektive Gefühl der Angst spielt. Für eine aktuelle Zusammenfassung zum Thema Amygdala siehe z. B. Phelps (2006).
61 Damasio (2000)
62 Ralph Adolphs, persönliche Mitteilung, sowie Adolphs (2003)
63 Zum Thema Gefühle als Zielsetzer siehe z. B. auch Zimmer (1981) oder Rolls (2005).
64 http://de.wikipedia.org/wiki/Taipane
65 Es gibt einige Theorien, die in die gleiche Richtung gehen, wie Minsky (2006), Cosmides & Tooby (2000) und DeLancey (2002).
66 Nach aktuellen Erkenntnissen, siehe z. B. Phelps & LeDoux (2005) und Phelps (2006)
67 Bartels & Zeki (2004), Kast (2004), für die Hirnmuster weiterer Gefühle siehe: Damasio et al. (2000) und Damasio (2003)
68 Es handelt sich hierbei buchstäblich um Schwarzweiß-Denken: Sowohl die Einteilung in Schwarz und Weiß wie auch die Begriffe

»aktiviert« und »deaktiviert« sind eine starke Vereinfachung. In Wirklichkeit ähnelt das Hirnmuster noch viel mehr dem Equalizer-Bild, weil die einzelnen Hirnareale natürlich nicht *entweder* aktiviert *oder* deaktiviert sind, sondern viele *verschiedene* Aktivitätsstufen annehmen. Um das darzustellen, bräuchte man allerdings zahlreiche Graustufen oder Farben.

69 Siehe auch: Wilson (2002)
70 Originalpaper: Bechara et al. (1997), siehe auch Damasio (1995). Der Kartenversuch ist kürzlich in Kritik geraten und von Damasios Gruppe wiederum verteidigt worden, siehe für diese Diskussion: Maia & McClelland (2004) sowie Bechara et al. (2005) und Maia & McClelland (2005).
71 Aus: Puntsch (1986)
72 Wilson et al. (1993)
73 Wilson & Schooler (1991)
74 Wilson & Schooler (1991)
75 Betsch et al. (2004)
76 Halberstadt & Levine (1999)
77 Gerhard Roth, persönliche Mitteilung
78 Wilson et al. (1993)
79 Gladwell (2005)
80 Gladwell (2005)
81 Reik (1976)
82 Dijksterhuis & Van Olden (im Druck)
83 Dijksterhuis et al. (2006)
84 Dijksterhuis & Nordgren (2006)
85 Dijksterhuis et al. (2006)
86 4. September 2006, http://de.wikipedia.org/wiki/Steve_Irwin
87 Betsch et al. (2001)
88 Bargh et al. (1996), Gladwell (2005)
89 North et al. (1997)
90 Karremans et al. (2006)
91 Berke (2000). In einer späteren Studie stellte man fest, dass die Darbietung von subliminalen »Ratten« Testpersonen tatsächlich negativ beeinflussen kann, worüber das Fachblatt *Science* in einer kurzen Nachricht vom 28. Februar 2003, Seite 1309, berichtet hat.
92 Siehe dazu auch den schönen Bericht von Luczak (2004)
93 Aus: Hage (1983)
94 Die meisten Berufe bieten natürlich mehr oder weniger Raum für alle drei Motive. Beispiel: Eine Professorin an der Uni kann ihren Leistungshunger stillen, wenn sie sich selbst ein Forschungsziel setzt und darauf hinarbeitet, ohne dass andere ihr dabei reinreden. Im Unterricht

kann sie ihr Machtmotiv ausleben, während ihr Bindungsmotiv bei der Zusammenarbeit mit ihren Mitarbeitern zur Geltung kommt.

95 Wenn Sie sich nicht sicher sind bei der Analyse Ihrer Geschichten, will ich gern versuchen, Ihnen behilflich zu sein. Bitte schicken Sie mir Ihre Geschichten: bas.kast@tagesspiegel.de

96 Siehe für eine gute Zusammenfassung Brunstein & Heckhausen (2006)

97 Zur Entwicklung des Kodierungssystems siehe z. B. McClelland (1985 a)

98 Wilson (2002)

99 Siehe Nisbett & Wilson (1977) sowie Wilson et al. (2000)

100 Siehe für Zusammenfassungen z. B. Brunstein (2006) und McClelland (1985a)

101 Siehe z. B. in: McClelland et al. (1989). In neueren Untersuchungen hat sich herausgestellt, dass Dopamin nicht nur bei guten Gefühlen, sondern zum Beispiel auch bei Schmerz ausgeschüttet wird. Offenbar ist es doch nicht einfach nur ein »Lustmolekül«, sondern wird vielleicht allgemein bei starken Reizen ausgeschüttet. Siehe Scott et al. (2006).

102 McClelland (1985 b)

103 Siehe z. B. Brunstein & Heckhausen (2006)

104 McClelland (1985 b)

105 Siehe z. B. Brunstein (2006)

106 Originalstudie: McClelland & Pilon (1983), siehe z. B. auch McClelland et al. (1989) und Brunstein (2006)

107 Man könnte die angeborenen Triebe natürlich in einer dritten Kategorie (»Bio-Ich«) unterbringen. Gelegentlich finden sich auch Befürworter einer »Geistesgesellschaft« mit zahlreichen Ich-Instanzen, wie Minsky (1990). Solche »multiplen« Modelle werden der Komplexität unseres Ichs wohl noch am ehesten gerecht. Dennoch ist die Literatur zu den »dualen« Modellen am umfangreichsten; einen Überblick bieten Chaiken & Trope (1999). Für Modelle, die eine ähnliche Einteilung vornehmen, wie die in ein Sprach- und ein Erfahrungs-Ich, siehe: McClelland et al. (1989), Epstein (1994), Wilson et al. (2000) sowie Schultheiss (2001).

108 Siehe dazu auch das Kapitel 13 von Falko Rheinberg in Heckhausen & Heckhausen (2006)

109 Ein anderes duales Modell, das, wie ich finde, etwas für sich hat, ist die Einteilung unseres Ichs in ein *analytisches* und ein *assoziatives* Ich. Auf der einen Seite gibt es Teile in uns, die Gedanken, Ideen und Eindrücke zusammensetzen, auf der anderen solche, die sie auseinander nehmen. Alle dualen Modelle aber sind meines Erachtens starke

Vereinfachungen. In Wahrheit setzt sich unser Ich wohl eher aus zahlreichen Bausteinen zusammen. Siehe auch die Fußnote 107.

110 Bechara et al. (1995)
111 Kehr (2004)
112 Hier die Geschichte, die ich zum Kapitänsbild schrieb, mit zwei Punkten fürs Leistungsmotiv: »Normalerweise hat Kapitän Foxli keine Zeit, seine Gäste persönlich an Bord zu begrüßen, dieser Gast ist aber so *erfolgreich*, dass er ihn persönlich willkommen heißt auf seinem Schiff. Sie wollen gleich losfahren. Vorher aber erklärt der Kapitän seinem Ehrengast noch, was das Schiff so alles draufhat, dass es *mindestens so gut* wie die Titanic sei usw.«
113 Und hier die viel originellere, machtgetränkte Geschichte meiner Kollegin: »Captain Tiger war in komische Geschäfte verwickelt, das wussten alle. Dick Harris wollte es ihm *beweisen*. Er machte ihm ein unschlagbares Angebot. Der Kapitän, der eigentlich misstrauisch hätte werden müssen, *war gierig und biss an*. Beim nächsten Treffen, vor dem Schiff auf dem Pier, *nahm Dick ihr Gespräch heimlich auf. Damit hatte er den Alten im Sack.*« Beweisen zielt, ähnlich wie überzeugen, auf Wirkung und damit auf Macht. *Heimliches Aufnehmen* heißt, sich gegenüber anderen einen Informationsvorsprung zu verschaffen und wird auch als Machtmotiv gezählt.
114 McClelland (1985a)
115 Schultheiss & Brunstein (2002)
116 In einem Interview im *Spiegel*, 34 / 2006, Seite 141
117 Siehe z. B. Hauser (2001)
118 Schultheiss (2001)
119 Wie Worte heilen können: Siehe dazu auch die Forschung von James Pennebaker. Eine gute Zusammenfassung bieten Pennebaker & Chung (2007).
120 Schultheiss (2001)
121 Siehe z. B. auch Wilson (2002)
122 Kein Roman führt das vielleicht deutlicher vor Augen als Dostojewskis *Schuld & Sühne*.
123 Aus dem Gedicht *Glaube an die Welt*, online unter: http://gutenberg.spiegel.de/fontane/gedichte/glaube.htm
124 Schultheiss & Brunstein (1999)
125 Siehe auch Wilson (2002)
126 Siehe auch Rheinberg (2006)
127 http://de.wikipedia.org/wiki/Salvador_Dal%C3%AD
128 Siehe auch http://web.media.mit.edu/~minsky/ und http://web.media.mit.edu/~dustin/6868/
129 Siehe z. B. auch DeLancey (2002)

130 Heims (1980). Übersetzungen von mir.

131 Conway & Siegelman (2005). Übersetzungen von mir.

132 Conway & Siegelman (2005)

133 In: Heims (1980)

134 Conway & Siegelman (2005)

135 Conway & Siegelman (2005)

136 Bei Wiener handelte es sich, um genau zu sein, vielleicht eher um eine »Zyklothymie«, eine milde Form der bipolaren Depression. Zu diesem Schluss kommen zumindest seine Biographen Conway & Siegelman (2005).

137 Conway & Siegelman (2005)

138 Im Detail ist es weitaus komplexer. So können auch eine Depression und insbesondere eine Manie mit Wahngedanken und Halluzinationen einhergehen. Das kann so weit gehen, dass sich aus psychiatrischer Sicht nicht mehr zwischen einer Manie und Schizophrenie unterscheiden lässt. Kein Wunder, dass es hier oft zu Fehldiagnosen kommt. Es gibt auch Mischzustände, die Psychiater als »schizoaffektiv« bezeichnen und die sowohl an eine Schizophrenie als auch an eine Gefühlsstörung erinnern. Über all diese Kategorisierungen ist sich die Fachwelt verständlicherweise nicht einig. Manche, wie etwa der Psychologe Hans Eysenck (2004), meinen sogar, dass »zwischen Schizophrenie und manisch-depressiver Psychose kein kategorialer Unterschied besteht«.

139 Vergleiche dazu die US-Psychiaterin Nancy Andreasen (2002): »Wenn ich mit schizophrenen Patienten spreche, beginne ich oft mit der Frage, welche Probleme ihnen am meisten zu schaffen machen. Oft erhalte ich Antworten wie diese: *Mein Denken ist durcheinandergeraten. Irgendwie passen meine Gedanken nicht zusammen. Ich habe Schwierigkeiten, Wichtiges von Unwichtigem zu unterscheiden. Ich fühle mich überflutet mit Reizen.*« Siehe für eine umfassende Monographie zur Schizophrenie auch Häfner (2000).

140 Obwohl es so manches Genie gab / gibt, dessen enge Verwandte schizophren waren / sind – was die Sache kompliziert macht. Siehe Fußnote 175.

141 Nash war auf Anhieb von Wiener fasziniert und fing sogar an, Wieners Marotten zu übernehmen. So hatte es sich der extrem kurzsichtige Wiener zur Angewohnheit gemacht, den Blinden zu spielen und mit geschlossenen Augen durch die Flure des Instituts zu gehen. Dabei fuhr er mit einem Finger die Fuge zwischen den Wandfliesen und dem Putz entlang. Stieß er auf eine offene Tür, ging er einfach weiter blind durch den ganzen Klassenraum, den Finger an der Wand, bis er wieder draußen war. Nash, selbst nicht ganz frei von exzentri-

schen Zügen, war begeistert und tat es Wiener nach. Marvin Minsky war damals ebenfalls schon mit von der Partie. Nash bewunderte Minsky und nannte ihn den »intelligentesten Humanoiden«. Siehe dazu auch Conway & Siegelman (2005) sowie Nasar (1999).

142 Nasar (1999)

143 Man spricht von »bipolarer affektiver Psychose«, siehe z. B. Häfner (2000).

144 Um zur Sicherheit kurz das Selbstverständliche einmal zu formulieren: *Natürlich machen Stimmungsschwankungen nicht automatisch kreativ.* Dazu gehört bekanntlich etwas mehr, wie Intelligenz, Durchsetzungsvermögen usw. Wenn diese Eigenschaften vorhanden sind, dann allerdings scheinen mir die Stimmungsschwankungen zu einer entscheidenden Triebfeder der Kreativität zu werden.

145 Auch dafür gibt es einen Fachbegriff: Man spricht von »bipolarem Mischzustand«, wenn sich manische und depressive Symptome zur gleichen Zeit beobachten lassen oder extrem rasch abwechseln. Schon 1899 beschrieb der deutsche Psychiater Emil Kraepelin einige solcher Mischzustände mit den Worten »depressive Manie«, »erregte Depression«, »gedankenarme Manie«, »Depression mit Ideenflucht« und »gehemmte Manie«. Siehe z. B. Wormer (2002).

146 Gegenüber dem Arzt Karl von Bursy meinte Beethoven: »Der Knabe muss Künstler werden oder Gelehrter, um ein höheres Leben zu leben und nicht ganz im Gemeinen zu versinken.« Zitiert in: Geck (1996).

147 Beethoven an Joseph Karl Bernard (damals Redakteur bei der *Wiener Zeitung*), 19. August 1819, online unter: http://www.beethoven-haus-bonn.de. Um zu dem Brief zu gelangen, wählen Sie das digitale Archiv und gehen dort zu den Schriftdokumenten. Der Brief befindet sich unter der Rubrik »Beethoven und sein Neffe«.

148 Zitiert in: Solomon (1979)

149 Solomon (1979)

150 Auch beim Improvisieren soll Beethoven, wie es ein Zeitgenosse geschildert hat, »extrem variationsreich« gewesen sein, ja sein Spiel war »gekennzeichnet durch die abruptesten Wechsel« – offenbar spiegelten Beethovens Improvisationen seine sprunghafte Gefühlswelt. Siehe dazu: John Russells *Tour in Germany*, 1825, zitiert in: Beethoven: Moods and Manners. The Musical Times and Singing Class Circular, 33, Beethoven Supplement, Dec. 15, 1892, 34–38. Übersetzung von mir.

151 Im »Schumann-Jahr« 2006 – Schumann starb 1856 – sind zwei gute Biographien über Schumann erschienen: Payk (2006) ist psycholo-

gisch orientiert. Demmler (2006) geht auch ausführlich auf Schumanns Musik ein.

152 Andreasen (1987), Andreasen (2005)

153 Der Londoner Psychiater Felix Post zum Beispiel nahm die Lebensläufe von 291 weltberühmten Leuten unter die Lupe und teilte sie in verschiedene Kategorien: Wissenschaftler, Politiker, Komponisten, Philosophen, Künstler und Autoren. Bei vielen zeigte sich eine psychische Auffälligkeit. Keine Gruppe jedoch war so betroffen wie die der Autoren, bei denen der Psychiater in über 70 Prozent der Fälle eine Depression diagnostizierte – für den Fachmann »das überraschendste Ergebnis der Untersuchung« überhaupt. Siehe dazu: Post (1994).

154 Ludwig (1995). Was den Alkoholismus betrifft, wurden die Schriftsteller und Dichter nur von den Schauspielern übertroffen.

155 In: Jamison (1993)

156 Greene (1971)

157 Bei Ernest Hemingway, der ein starker Trinker war, war der Suizid Teil einer tragischen Familiengeschichte: Nicht nur Hemingway erschoss sich, sondern auch sein Vater sowie sein Bruder und eine seiner Schwestern. 1996 nahm sich auch Margaux Hemingway das Leben, Hemingways Enkelin – an dem 35. Jahrestag des Suizids ihres Großvaters. Siehe: http://en.wikipedia.org/wiki/Margaux_Hemingway. In seinem leicht angeheiterten Buch *Alkohol & Autor* schreibt der amerikanische Psychiater und Alkoholismusexperte Donald Goodwin unter anderem auch über Hemingway, »von den Wodkas und Tequilas, mit denen er den Tag begann, von den Bloody Marys am Mittag und den Daiquiris, Scotches und den Flutwellen von Wein, die seine Nachmittage und Abende ausfüllten«. An einer anderen Stelle diagnostiziert er: »Hemingway litt oft unter Stimmungsschwankungen, und manchmal waren sie derart langwierig und heftig, dass man sie durchaus als Depressionen im medizinischen Sinn bezeichnen konnte.« Mehr dazu auch in Jamison (1993).

158 Mehr in: Jamison (1993)

159 Jamison (1993), Jamison (1995), Minsky (2006). Siehe auch Richards & Kinney (1990).

160 In: Jamison (1993), Übersetzung von mir. Siehe für ein Gedicht Roethkes über die Wassertherapie:
http://www.mem.tcon.net/users/5015/1133/roethke.htm

161 Minsky (2006)

162 Minsky (2006)

163 »Ein enger Mitarbeiter Norbert Wieners hat einmal beschrieben, wie Wiener wirkte, wenn er nach der Lösung für ein mathematisches

Problem suchte. Die Beschreibung klingt wie die einer bipolaren Depression *en miniature*. Genauer gesagt war es eher so, dass Wiener sich in eine Depression *hinein- und wieder hinausdachte*. Zunächst manövrierte er sich in die Depression, tiefer und immer tiefer, »er wirkte traurig und düster. Üblicherweise sagte er Sachen wie ›Es geht überhaupt nicht‹, ›Ich kann's nicht finden‹. Manchmal sagte er: ›Wir verschwenden unsere Zeit‹, aber nur wenn er es fröhlich sagte, bedeutete es, dass er aufgab. Wenn er es mit einem Gefühl der Qual und Hoffnungslosigkeit sagte, dann war er noch mittendrin, irgendwann wurde er enthusiastisch – ›Aha, ich hab's‹ – und schrieb das Ergebnis an die Tafel. Von da an konnte er's nicht länger ausstehen, weiterhin deprimiert zu sein. Wenn er allerdings entdeckte, dass seine Idee doch nicht hinhaute, kehrte er wieder zurück zur Depression [...]« Aus: Heims (1980). Übersetzung von mir.

164 Jamison (1993), Jamison (1995), Minsky (2006)

165 Vgl. Minsky (2006)

166 Muschg (2006). Obwohl schon Eckermann (1955) blumig über Goethe meinte: »Man kann diesen außerordentlichen Geist und Menschen mit Recht einem vielseitigen Diamanten vergleichen, der nach jeder Richtung hin eine andere Farbe spiegelt. Und wie er nun in verschiedenen Verhältnissen und zu verschiedenen Personen ein anderer war, so kann ich auch in meinem Falle nur in ganz bescheidenem Sinne sagen: Dies ist *mein* Goethe.« PS.: Vielleicht ist es kein Zufall, dass viele Schriftsteller mit Pseudonymen spielten, nicht selten sogar mit mehreren.

167 Pfeiffer (1989). In einem Brief vom 24. Januar 1912 schreibt Rilke: »Ich weiß jetzt, dass die Analyse für mich nur Sinn hätte, wenn der merkwürdige Hintergedanke, nicht mehr zu schreiben [...] mir wirklich Ernst wäre. Dann dürfte man sich die Teufel austreiben lassen, da sie ja im Bürgerlichen wirklich nur störend und peinlich sind, und gehen die Engel möglicherweise mit aus, so müsste man auch das als Vereinfachung auffassen ...«

168 Der manisch-depressive Dichter Robert Lowell meinte über die ambivalente Wirkung von Lithium gegenüber dem Neurologen Oliver Sacks (1995): »In gewisser Weise fühle ich mich viel ›besser‹, ruhiger, stabiler – aber meine Lyrik hat viel von ihrer Kraft verloren.« Mehr zur Thematik Therapie und Kreativität in Jamison (1993) und Andreasen (2005).

169 Walser (1994)

170 Als der Psychologe Mihaly Csikszentmihalyi (1997) 91 kreative Zeitgenossen interviewte, wie etwa den Chemiker und Nobelpreisträger Manfred Eigen, den Physiker Freeman Dyson und die *Zeit*-Journa-

listin Nina Grunenberg, kam er zu folgendem Schluss: »Wenn ich mit einem Wort zusammenfassen sollte, was ihre Persönlichkeit von anderen unterscheidet, so wäre es *Komplexität*. [...] Kreative Personen vereinen widersprüchliche Extreme in sich – sie bilden keine individuelle ›Einheit‹, sondern eine individuelle ›Vielheit‹.« Kreative Menschen, so Csikszentmihalyi, vereinen Eigenschaften, die als gegensätzlich gelten: Sie verbinden Disziplin mit Spiel, sie sind zugleich weltklug und naiv, scheu und kommunikationsfreudig, die Männer sind eher feminin, die Frauen eher maskulin, sie sind konservativ und rebellisch usw.

171 http://de.wikipedia.org/wiki/Chaos

172 In seiner Erzählung *Eleonora* schreibt Edgar Allan Poe: »Die Menschen haben mich einen Wahnsinnigen genannt; aber es ist noch die Frage, ob der Wahnsinn nicht die höchste Stufe der Geistigkeit bedeutet, ob nicht vieles Glorreiche und alles Tiefe seinen Ursprung in einer Krankhaftigkeit des Gedankens, in dem besonderen Wesen eines Zustandes hat, der auf Kosten des allgemeinen Verstandes aufs äußerste, und zwar einseitig, erregt ist. Die Menschen, die am hellen Tage träumen, lernen Dinge kennen, die denen entgehen müssen, die nur nachts träumen.« Online unter: http://gutenberg.spiegel.de/poe/eleonora/eleonora.htm

173 Für die Studien von Shelley Carson, siehe: Peterson & Carson (2000), Peterson et al. (2002), Carson et al. (2003) sowie der Bericht im *Harvard Magazine* von Lambert (2004)

174 http://de.wikipedia.org/wiki/Chaos

175 In die gleiche Richtung geht eine Studie von Karlsson (2004), der nachgewiesen hat, dass nicht Schizophrene selbst, wohl aber ihre *gesunden Verwandten* vor allem in Naturwissenschaften und Mathematik besser abschneiden. Um dazu nur einige prominente Beispiele zu nennen: Norbert Wieners Bruder war schizophren. Einsteins Sohn Eduard war schizophren – und zumindest Einstein selbst betrachtete die Krankheit seines Sohns als genetisch bedingt. Der Entdecker der DNA-Doppelhelix James Watson hat ebenfalls einen schizophrenen Sohn. Und der britische Mathematiker Bertrand Russell hatte nicht nur einen schizophrenen Sohn, sondern zahlreiche schizophrene Familienmitglieder. Russell *selbst* jedoch war, wie all die anderen hier genannten kreativen Genies, *nicht* schizophren. Es gibt darüber hinaus auch Hinweise darauf, dass Kinder von Eltern, die an einer bipolaren Depression leiden, meist kreativer sind als der Durchschnitt, siehe dazu Simeonova et al. (2005). Siehe zu diesem Thema auch die Werke von Hans Eysenck sowie Richards et al. (1988), Jamison (1993) und Andreasen (2005).

176 Enzensberger (1982)

177 Wiseman (2003)

178 Zitiert in: Goleman et al. (1997)

179 Getzels & Csikszentmihalyi (1976)

180 Aus: Rilke (2006), online unter:
http://www.rilke.de/briefe/160703.htm

181 Barry Marshall bekam 2005 den Medizin-Nobelpreis zusammen mit
Robin Warren für die Entdeckung, dass das Bakterium *Helicobacter
pylori* Magengeschwüre verursachen kann. Marshall hatte dazu in
einem Selbstversuch ein Reagenzglas mit den Bakterien geschluckt.

182 Siehe auch Allan Snyders Homepage:
http://www.centreforthemind.com/

183 Mit TMS lässt sich das Gehirn sowohl aktivieren als auch deaktivieren
– je nach Frequenz (Magnetpuls pro Sekunde). Bei hoher Frequenz
(ab 5 Hertz, also 5 Impulse pro Sekunde) aktiviert man das Hirnareal,
mit einer niedrigen Frequenz von 1 Hz, wie bei Snyder, deaktiviert
man es. Für eine Übersicht siehe Hallett (2000). An der Charité hatte
mir ein Arzt einen Teil des linken Stirnhirns (»präfrontaler Cortex«)
aktiviert, was mit guten Gefühlen einhergehen soll. Man nutzt den
Effekt unter anderem zur Behandlung von Depressionen. Siehe dazu
meine Reportage:
http://archiv.tagesspiegel.de/archiv/31.12.2002/366346.asp

184 Von dem französischen »savoir«, wissen. Früher bezeichnete man
Savants weniger höflich als »idiots savants«, also als wissende Idioten.

185 Robyn Young, persönliche Mitteilung

186 Treffert (2006)

187 Siehe für weitere Variationen des Versuchs: Snyder et al. (2003)

188 Siehe insbesondere Snyder et al. (2003) und Snyder et al. (2006)

189 Siehe für die ältere Studie: Young et al. (2004). Die andere, neuere
Studie ist nicht publiziert.

190 Treffert (2006)

191 Bei Kim Peek, dem wohl berühmtesten Savant, fehlt zum Beispiel der
Balken (»Corpus callosum«), der die beiden Hirnhälften miteinander verbindet. Siehe Treffert & Christensen (2006).

192 So nennt sie Oliver Sacks (1987). In Wahrheit heißen sie George und
Charles.

193 Sacks (1987). Allan Snyder hat kürzlich in einem Versuch getestet,
ob er auch diese Savant-Fähigkeit per TMS hervorrufen kann. Er
präsentierte Testpersonen auf einem Bildschirm zwischen 50 und 150
Ellipsen, immer nur für anderthalb Sekunden, also zu kurz, um die
Ellipsen zu zählen. Dennoch sollten die Leute schätzen, wie viele
Ellipsen sie gesehen hatten. Wie sich zeigte, gelang das einigen Test-

personen nach der Magnetbehandlung besser als vorher. Als die Wirkung nachließ, wurden die meisten von ihnen wieder schlechter. Siehe dazu Snyder et al. (2006).

194 Sacks (1987)

195 Hein (2003)

196 Treffert (2006)

197 Treffert (2006). Vorsicht: Bei der Berichterstattung über Savants kommt es nicht selten zur Mythenbildung. Um das vielleicht bekannteste Beispiel zu nennen: Über den Savant Kim Peek (»Kimputer«), der den Drehbuchautor von *Rain Main* zur Geschichte inspiriert hatte, behaupten Treffert und andere, er kenne 9000 Bücher »komplett auswendig«, außerdem brauche er für das Lesen einer Seite keine zehn Sekunden usw. Siehe dazu Treffert & Christensen (2006). Treffert versteigt sich in Interviews sogar zur Aussage, Kim Peek könne zwei Seiten eines Buchs *gleichzeitig* lesen, mit jedem Auge eine. Tatsache ist: Kim Peek ist ein außergewöhnlicher Mensch mit einem enormen Wissen, aber vieles von dem, was über ihn behauptet wird, ist schlicht übertrieben. So heißt es bei Treffert & Christensen (2006) auch, Kim Peek müsse ein Buch nur einmal lesen, um es sich zu merken. Das stimmt einfach nicht. Die Savant-Forscherin Robyn Young hat Kim Peek getestet: Sie las ihm eine Seite vor und prüfte, wie viel er davon behielt. Es war, wie sie mir mitgeteilt hat, relativ wenig. Selbst Kim Peek muss üben: Auch er muss immer wieder über die Fakten gehen, damit sie haften bleiben. Es geht mir nicht darum, Kim Peeks außergewöhnliche Fähigkeiten abzustreiten. Im Gegenteil, es ist vielmehr schade, dass einige Forscher gerade aufgrund dieser übertriebenen und falschen Darstellungen gar nicht an Savant-Fähigkeiten glauben, wie zum Beispiel Minsky (2006).

198 Treffert (2006)

199 Snyder et al. (2004)

200 Snyder et al. (2004)

201 Für mehr Infos und seine Zeichnungen siehe Stephen Wiltshires Webseite: http://www.stephenwiltshire.co.uk/

202 Sacks (1995)

203 http://www.stephenwiltshire.co.uk/early_life.aspx

204 Sacks (1995)

205 Auch dokumentiert in Treffert (2006)

206 http://www.colourfield.de/expedition/

207 Sacks (1995)

208 Huxley (1970). In seinem Buch *Himmel und Hölle* schreibt Huxley, dass »[...] unsere Wahrnehmungen der Außenwelt gewöhnlich von

verbalen Begriffen umnebelt sind, in denen wir unser Denken vollziehen. Wir versuchen immerfort, Materielles zu finden, um es in Zeichen für erfundene, verständlichere Abstraktionen zu verwandeln. Dabei aber berauben wir dieses Gegenständliche zum großen Teil seines ursprünglichen Charakters. Bei den Antipoden der Psyche haben wir uns fast ganz der Sprache entledigt und befinden uns außerhalb begrifflichen Denkens. Daher besitzt unsere Wahrnehmung visionärer Objekte die ganze Frische, die ganze nackte Intensität von Erlebnissen, die niemals in Worte gekleidet, niemals durch leblose Abstraktionen überdeckt worden sind. Ihre Färbung [...] erstrahlt in einer Lebhaftigkeit, die uns als übernatürlich erscheint, weil sie tatsächlich völlig natürlich ist – völlig natürlich in dem Sinn, dass sie weder durch Sprache intellektualisiert ist noch durch irgendwelche wissenschaftliche, philosophische oder utilitaristische Begriffe, durch die wir im Allgemeinen die bestehende Welt in unserem eigenen, trübselig menschlichen Ebenbild wiedererschaffen.«

Ähnlich schreibt Oliver Sacks (1987) über die »geistige Eigenschaft« und die »Welt der Einfältigen«: »Wenn wir diese Eigenschaft mit einem einzigen Wort umreißen wollten, so müsste dieses Wort ›Konkretheit‹ lauten – ihre Welt ist bunt, vielfältig und intensiv, und zwar gerade, weil sie konkret ist; sie ist weder kompliziert noch gedämpft, noch durch Abstraktion vereinheitlicht.« Die »Einfältigen« würden »das Abstrakte nicht kennen [...], sondern die Realität immer direkt und unmittelbar mit einer elementaren und zuweilen überwältigenden Intensität erfahren [...]« Und über Autismus: »Das Abstrakte und Kategorielle ist für Autisten nicht von Interesse – ihr Augenmerk gilt ausschließlich dem Konkreten, dem Besonderen, dem Einzigartigen. [...] Diese Art zu denken steht im krassen Gegensatz zur verallgemeinernden, wissenschaftlichen Denkweise.«

209 Zitat von Goethe in einem Gespräch mit Johannes Falk vom 14. Juni 1809. Siehe dazu die Gedenkausgabe der Werke, Briefe und Gespräche Goethes, herausgegeben von Ernst Beutler, Zürich 1948–1960.
210 Selfe (1977)
211 Selfe (1977)
212 Miller et al. (1996)
213 Mell et al. (2003), Pressemitteilung von der *American Academy of Neurology*
214 Mell et al. (2003), Pressemitteilung, weitere Fälle z. B. in Miller et al. (1998), Miller et al. (2000) sowie eine kurze Zusammenfassung in Miller & Hou (2004). Eine neue Fallgeschichte beschreiben Liu et al. (im Druck).

215 Singer (2002)
216 Martin (1967)
217 Vergleiche Singer (2003)
218 Goldschmidt (1977) und Geck (1996)

Credits

Es gibt viele Menschen, die zum Entstehen dieses Buchs beigetragen haben
– und es gibt einige Wenige, ohne die ich es nicht hätte schreiben können.
Danke.

Meine Agentin: Barbara Wenner

Die Forscher, die mir ihre Labortüren öffneten: Prof. Antoine Bechara,
University of Southern California in Los Angeles, Prof. Sian Beilock,
University of Chicago, Prof. Ap Dijksterhuis, Radboud Universiteit
Nijmegen, Prof. Gerd Gigerenzer, Max-Planck-Institut für Bildungsfor-
schung in Berlin, Prof. Isabella Heuser, Charité Berlin, Prof. Eric Kandel,
Columbia University in New York, Prof. Christian Keysers, BCN Neuro-
imaging Center in Groningen, Prof. Oliver Schultheiss, University of
Michigan in Ann Arbor, Prof. Allan Snyder, University of Sydney, Prof.
Robyn Young, Flinders University in Adelaide

Special Input: Roselis-Christine Bartfeld, Dr. Bernd Kast, Prof. Christian
Keysers, Prof. Oliver Schultheiss

Interviews: Dr. Ruud Custers, Universiteit Utrecht, Prof. Christof Koch,
California Institute of Technology in Pasadena, Jens Uwe Martens,
München, Prof. Gerhard Roth, Universität Bremen, Prof. Wolf Singer,
Max-Planck-Institut für Hirnforschung in Frankfurt

Recherche: Jörg von Bilavsky

Philosophischer Input: Dr. Eva-Maria Engelen, Universität Konstanz, Dr.
Martin Hartmann, Institut für Sozialforschung an der Universität Frank-
furt, Prof. Heiner Hastedt, Universität Rostock, Dr. Hilge Landweer, Freie
Universität Berlin

The Dream Team: Dr. Karsten Brensing, Katrin Linke

Inspiration: Prof. Marvin Minsky, MIT, Cambridge

Mit großzügiger Unterstützung vom *Tagesspiegel:* Stephan-Andreas Casdorff, Lorenz Maroldt, Dr. Hartmut Wewetzer

Verlag: Dr. Jörg Bong, Heidi Borhau, Nina Bschorr, Katrin Bury, Peter W. Schmidt, Dr. Peter Sillem, Martin Spieles, Margot Stolper & die vielen anderen wunderbaren Mitarbeiter von der Herstellung bis zum Vertrieb, die ich nicht kenne. Einen herzlichen Gruß auch nach Cham in die Schweiz: an Ulrich Nebroj

Für offene Arme: Ria Kast

Für kreativen Input: Ellen Kast

Für alles: Sina Bartfeld

Bildnachweise

Literatur

Adolphs, R. et al. (2003). Dissociable neural systems for recognizing emotions. Brain and Cognition, 52, 61–69.

Andreasen, N. (1987). Creativity and mental illness: Prevalance rates in writers and their first-degree relatives. American Journal of Psychiatry, 144, 1288–1292.

Andreasen, N. (2002). Brave new brain. Springer, Berlin.

Andreasen, N. (2005). The creating brain. Dana, New York.

Bargh, J. et al. (1996). Automaticity of social behavior: Direct effects of trait construct and stereotype activation on action. Journal of Personality and Social Psychology, 71, 230–244.

Bartels, A. & Zeki, S. (2004). The neural correlates of maternal and romantic love. Neuroimage, 21, 1155–1166.

Beard, M. (2002). The parthenon. Profile, London.

Bechara, A. et al. (1995). Double dissociation of conditioning and declarative knowledge relative to the amygdala and hippocampus in humans. Science, 269, 1115–1118.

Bechara, A. et al. (1997). Deciding advantageously before knowing the advantageous strategy. Science, 275, 1293–1295.

Bechara, A. et al. (2005). The Iowa Gambling Task and the somatic marker hypothesis: some questions and answers. Trends in Cognitive Sciences, 9, 159–162.

Beilock, S. & Holt, L. (im Druck). Embodied preference judgements: Can likeability be driven by the motor system? Psychological Science.

Berke, R. (2000, 12. September). Democrats see, and smell, rats in G. O. P. ad. New York Times, online.

Betsch, T. et al. (2001). I like it but I don't know why: A value-account approach to implicit attitude formation. Personality and Social Psychology Bulletin, 27, 242–253.

Betsch, C. et al. (2004). Intuition: Wann Sie Ihren Bauch entscheiden lassen können. Wirtschaftspsychologie, 2, 81–83.

Böhme, H. & Böhme, G. (1983). Das Andere der Vernunft. Suhrkamp, Frankfurt.

Böhme, G. (1988). Der Typ Sokrates. Suhrkamp, Frankfurt.

de Botton, Alain (2001). Trost der Philosophie. S. Fischer, Frankfurt.

Brooks, R. (2002). Menschmaschinen. Campus, Frankfurt.

Brunstein, J. (2001). Persönliche Ziele und Handlungs- versus Lageorientierung: Wer bindet sich an realistische und bedürfniskongruente Ziele? Zeitschrift für Differentielle und Diagnostische Psychologie, 22, 1–12.

Brunstein, J. (2006). Implizite und explizite Motive. In: Heckhausen, J. & Heckhausen, H. (Hrsg.). Motivation und Handeln. Springer, Heidelberg.

Brunstein, J. & Heckhausen, H. (2006). Leistungsmotivation. In: Heckhausen, J. & Heckhausen, H. (Hrsg.). Motivation und Handeln. Springer, Heidelberg.

Carson, S. et al. (2003). Decreased latent inhibition is associated with increased creative achievement in high-functioning individuals. Journal of Personality and Social Psychology, 85, 499–506.

Carter, R. (1999). Atlas Gehirn. Schneekluth, München.

Chaiken, S. & Trope, Y. (1999) (Hrsg.). Dual-process theories in social psychology. Guilford, New York.

Csikszentmihalyi, M. (1997). Kreativität. Klett-Cotta, Stuttgart.

Claxton, G. (1998). Der Takt des Denkens. Ullstein, Berlin.

Conway, F. & Siegelman, J. (2005). Dark hero of the information age. In search of Norbert Wiener, the father of cybernetics. Basic Books, New York.

Cosmides, L. & Tooby, J. (2000). Evolutionary psychology and the emotions. In: Lewis, M. & Haviland-Jones, J. (Hrsg.). Handbook of emotions. Guilford, New York.

Croome, D. (2003). Gefühl und Erkenntnis. Dissertation, TU Darmstadt.

Damasio, A. (1995). Descartes' Irrtum. List, München.

Damasio, A. (2000). Ich fühle, also bin ich. List, München.

Damasio, A. (2003). Der Spinoza-Effekt. List, München.

Damasio, A. et al. (2000). Subcortical and cortical brain activity during the feelings of self-generated emotions. Nature neuroscience, 3, 1049–1056.

DeLancey, C. (2002). Passionate engines. Oxford University Press, New York.

Dijksterhuis, A. (2004). Think different: The merits of unconscious thought in preference development and decision making. Journal of Personality and Social Psychology, 87, 586–598.

Dijksterhuis, A. et al. (2006). On making the right choice: The deliberation-without-attention effect. Science, 311, 1005–1007.

Dijksterhuis, A. & Nordgren, L. (2006). A theory of unconscious thought. Perspectives on Psychological Science, 1, 95–109.

Dijksterhuis, A. & Van Olden, Z. (im Druck). On the benefits of thinking unconsciously: Unconscious thought can increase post-choice satisfaction. Journal of Experimental Social Psychology.

Eckermann, J. P. (1955). Gespräche mit Goethe. Insel, Frankfurt.

Enzensberger, H. M. (1982) Politische Brosamen. Suhrkamp, Frankfurt.

Epstein, S. (1994). Integration of the cognitive and the psychodynamic unconscious. American Psychologist, 49, 709–724.

Eysenck, H. (1995). Genius. Cambridge University Press, Cambridge.

Eysenck, H. (2004). Die IQ-Bibel. Klett-Cotta, Stuttgart.

Fuhrmann, M. (1997). Seneca und Kaiser Nero. Fest, Berlin.

Geck, M. (1996). Ludwig van Beethoven. Rowohlt, Reinbek.

Geier, M. (2003). Kants Welt. Rowohlt, Reinbek.

Getzels & Csikszentmihalyi (1976). The creative vision. Wiley, New York.

Gladwell, M. (2005). Blink! Die Macht des Moments. Campus, Frankfurt.

Goldschmidt, H. (1977). Um die Unsterbliche Geliebte. Deutscher Verlag für Musik, Leipzig.

Goleman, D. et al. (1997). Kreativität entdecken. Hanser, München.

Goodwin, D. (1995). Alkohol & Autor. Edition Epoca, Zürich.

Greene, G. (1971). Eine Art Leben. Zsolnay, Hamburg.

Groß, F. (1912) (Hrsg.). Immanuel Kant. Die Biographien von L. E. Borowski, R. B. Jachmann und A. Ch. Wasianski. Deutsche Bibliothek, Berlin.

Gulyga, A. (1981). Immanuel Kant. Insel, Frankfurt.

Häfner, H. (2000). Das Rätsel Schizophrenie. C. H. Beck, München.

Hage, V. (1983). Max Frisch. Rowohlt, Reinbek.

Halberstadt, J. & Levine, G. (1999). Effects of reasons analysis on the accuracy of predicting basketball games. Journal of Applied Social Psychology, 29, 517–530.

Hallett, M. (2000). Transcranial magnetic stimulation and the human brain. Nature, 406, 147–150.

Hartmann, M. (2005). Gefühle. Campus, Frankfurt.

Hassin, R. et al. (2005) (Hrsg.). The new unconscious. Oxford University Press, New York.

Hastedt, H. (2005). Gefühle. Reclam, Stuttgart.

Hauser, M. (2001). Wilde Intelligenz. C. H. Beck, München.

Heckhausen, J. & Heckhausen, H. (2006) (Hrsg.). Motivation und Handeln. Springer, Heidelberg.

Heims, S. (1980). John von Neumann and Norbert Wiener. MIT Press, Cambridge.

Hein, T. (2003). Insel der Begabten. Weltwoche, 20, 54–59.

Hermelin, B. (2002). Rätselhafte Begabungen. Klett-Cotta, Stuttgart.

Hershman, J. & Lieb, J. (1998). Manic depression and creativity. Prometheus, Amherst.

Hilgetag, C. et al. (2001). Enhanced visual spatial attention ipsilateral to rTMS-induced ›virtual lesions‹ of human parietal cortex. Nature neuroscience, 4, 953–957.

Höffe, O. (1983). Immanuel Kant. C. H. Beck, München.

Hoppe, R. (2003). Das gierige Gehirn. Der Spiegel, 39, 74–82.

Huxley, A. (1970). Die Pforten der Wahrnehmung. Himmel und Hölle. Piper, München.

Irmscher, J. (1982). Sokrates. Reclam, Leipzig.

Jamison, K. R. (1993). Touched with fire. Simon & Schuster, New York.

Jamison, K. R. (1995). Manic-depressive illness and creativity. Scientific American, 272, 62–67.

Jaynes, J. (1988). Der Ursprung des Bewusstseins. Rowohlt, Reinbek.

Kant, I. (1824). Von der Macht des Gemüts. Reclam, Leipzig.

Karlsson, J. (2004). Psychosis and academic performance. British Journal of Psychiatry, 184, 327–329.

Karremans, J. et al. (2006). Beyond Vicary's fantasies: The impact of subliminal priming and brand choice. Journal of Experimental Social Psychology, 42, 792–798.

Kast, B. (2001). Decisions, decisions. Nature, 411, 126–128.

Kast, B. (2003). Revolution im Kopf. Berliner Taschenbuch Verlag, Berlin.

Kast, B. (2004). Die Liebe und wie sich Leidenschaft erklärt. S. Fischer, Frankfurt.

Kehr, H. (2004). Implicit / explicit motive discrepancies and volitional depletion among manangers. Personality and Social Psychology Bulletin, 30, 315–327.

Koch, C. (2005). Bewusstsein. Elsevier, München.

Koestler, Arthur (1966). Der göttliche Funke. Scherz, Bern.

Kretschmer, H.-U. (2006). Wozu Musiktheorie? Versuch der Selbstbesinnung eines Fachgebietes auf seine Einzigartigkeit: Erster Teil. Tijdschrift voor Muziektheorie, 11, 15–28.

Kuhl, J. (2001). Motivation und Persönlichkeit. Hogrefe, Göttingen.

Kühn, M. (2003). Kant. C. H. Beck, München.

Lambert, C. (2004). Ideas rain in. Harvard Magazine, May–June, 13–16.

Landweer, H. (2004). Die Grenze der Vernunft. In: Der blaue Reiter. Journal für Philosophie, 20, 6–11.

LeDoux, J. (1998). Das Netz der Gefühle. Hanser, München.

LeDoux, J. (2003). Das Netz der Persönlichkeit. Walter, Düsseldorf.

Liu, A. et al. (im Druck). A case study of an emerging visual artist with frontotemporal lobar degeneration and amyotrophic lateral sclerosis. Neurocase.

Luczak, H. (2004). Das Unbewusste. Geo, 12, 142–172.

Ludwig, A. (1995). The price of greatness. Guilford, New York.

Lütkehaus, L. (1989) (Hrsg.). »Dieses wahre innere Afrika«. Fischer, Frankfurt.

Maia, T. & McClelland, J. (2004). A reexamination of the evidence for the somatic marker hypothesis: What participants really know in the Iowa Gambling Task. PNAS, 101, 16075–16080.

Maia, T. & McClelland, J. (2005). The somatic marker hypothesis: still many questions but no answers. Trends in Cognitive Sciences, 9, 162–164.

Martens, E. (2004). Sokrates. Reclam, Stuttgart.

Martens, J. U. & Kuhl, J. (2005). Die Kunst der Selbstmotivierung. Kohlhammer, Stuttgart.

Martin, G. (1967). Sokrates. Rowohlt, Reinbek.

McAdams, D. (2006). The person. Wiley, Hoboken.

McClelland, D. & Pilon, D. (1983). Sources of adult motives in patterns of parent behavior in early childhood. Journal of Personality and Social Psychology, 44, 564–574.

McClelland, D. (1985a). Human motivation. Scott, Foresman & Co., Glenview.

McClelland, D. (1985b). How motives, skills, and values determine what people do. American Psychologist, 40, 812–825.

McClelland, D. et al. (1989). How do self-attributed and implicit motives differ? Psychological Review, 96, 690–702.

Mell, J. et al. (2003). Art and the brain: The influence of frontotemporal dementia on an accomplished artist. Neurology, 60, 1707–1710.

Miller, B. et al. (1996). Enhanced artistic creativity with temporal lobe degeneration. Lancet, 348, 1744–1745.

Miller, B. et al. (1998). Emergence of artistic talent in frontotemporal dementia. Neurology, 51, 978–982.

Miller, B. et al. (2000). Functional correlates of musical and visual ability in frontotemporal dementia. British Journal of Psychiatry, 176, 458–463.

Miller, B. & Hou, C. (2004). Portraits of artists: Emergence of visual creativity in dementia. Archives of Neurology, 61, 842–844.

Miller, G. (2003). The cognitive revolution: A historical perspective. Trends in Cognitive Sciences, 7, 141–144.

Minsky, M. (1990). Mentopolis. Klett-Cotta, Stuttgart.

Minsky, M. (2006). The emotion machine. Simon & Schuster, New York.

Muschg, W. (2006). Tragische Literaturgeschichte. Diogenes, Zürich.

Nasar, S. (1999). Genie und Wahnsinn. Das Leben des genialen Mathematikers John Nash »A Beautiful Mind«. Piper, München.

Nietzsche, F. (1985). Götzendämmerung. Insel, Frankfurt.

Nisbett, R. & Wilson, T. (1977). Telling more than we can know: Verbal reports on mental processes. Psychological Review, 84, 231–259.

Nørretranders, T. (1994). Spüre die Welt. Rowohlt, Reinbek.

North, A. et al. (1997). In-store music affects product choice. Nature, 390, 132.

Panksepp, J. (1998). Affective neuroscience. Oxford University Press, New York.

Pennebaker, J. & Chung, C. (2007). Expressive writing, emotional upheavals, and health, 263–284. In: Friedman, H. & Silver, R. (Hrsg.). Handbook of health psychology. Oxford University Press, New York.

Peterson, J. & Carson, S. (2000). Latent inhibition and openness to experience in a high-achieving student population. Personality and Individual Differences, 28, 323–332.

Peterson, J. et al. (2002). Openness and extraversion are associated with reduced latent inhibition: Replication and commentary. Personality and Individual Differences, 33, 1137–1147.

Phelps, E. & LeDoux (2005). Contributions of the amygdala to emotion processing: From animal models to human behavior. Neuron, 48, 175–187.

Phelps, E. (2006). Emotion and Cognition: Insights from studies of the human amygdala. Annual Review of Psychology, 57, 27–53.

Pfeiffer, E. (1989) (Hrsg.). Rainer Maria Rilke – Lou Andreas-Salomé, Briefwechsel. Insel, Frankfurt.

Pinker, S. (2003). Das unbeschriebene Blatt. Berlin Verlag, Berlin.

Post, F. (1994). Creativity and psychopathology. A study of 291 world-famous men. British Journal of Psychiatry, 165, 22–34.

Post, F. (1996). Verbal creativity, depression and alcoholism. An investigation of one hundred american and british writers. The British Journal of Psychiatry, 168, 545–555.

Puntsch, E. (1986). Zitatenhandbuch, Band 1. Mvg, Landsberg.

Rauch, J. (2005). Genial daneben. Bild der Wissenschaft, 1, 28–33.

Reik, T. (1976). Hören mit dem dritten Ohr. Hoffmann & Campe, Hamburg.

Rheinberg, F. (2006). Motivation. Kohlhammer, Stuttgart.

Richards, R. & Kinney, D. (1990). Mood swings and creativity. Creativity Research Journal, 3, 202–217.

Rilke, R. M. (2006). Briefe an einen jungen Dichter – Briefe an eine junge Frau. Diogenes, Zürich.

Rolls, E. (2005). Emotion explained. Oxford University Press, New York.

Ross, L. (1963). Hemingway. Limes, Wiesbaden.

Roth, G. (2003). Fühlen, Denken, Handeln. Suhrkamp, Frankfurt.

Roth, G. (2003). Aus Sicht des Gehirns. Suhrkamp, Frankfurt.

Sacks, O. (1987). Der Mann, der seine Frau mit einem Hut verwechselte. Rowohlt, Reinbek.

Sacks, O. (1995). Eine Anthropologin auf dem Mars. Rowohlt, Reinbek.

Schultheiss, O. & Brunstein, J. (1999). Goal imagery: Bridging the gap between implicit motives and explicit goals. Journal of Personality, 67, 1–38.

Schultheiss, O. (2001). An information processing account of implicit motive arousal. In: Maehr, M. & Pintrich, P. (Hrsg.). Advances in motivation and achievement. JAI Press, Greenwich.

Schultheiss, O. & Brunstein, J. (2002). Inhibited power motivation and persuasive communication: A lens model analysis. Journal of Personality, 70, 553–583.

Schultz, U. (2003). Immanuel Kant. Rowohlt, Reinbek.

Scott, D. et al. (2006). Variations in the human pain stress experience mediated by ventral and dorsal basal ganglia dopamine activity. Journal of Neuroscience, 26, 10789–10795.

Selfe, L. (1977). Nadia – A case of extraordinary drawing ability in an autistic child. Academic Press, London.

Seneca (1980). Von der Seelenruhe. Sammlung Dieterich, Leipzig.

Simeonova, D. et al. (2005). Creativity in familial bipolar disorder. Journal of Psychiatric Research, 39, 623–631.

Singer, W. (2002). Der Beobachter im Gehirn. Suhrkamp, Frankfurt.

Singer, W. (2003). Ein neues Menschenbild? Suhrkamp, Frankfurt.

Singer, W. (2006). Brain development and education. Zeitschrift für Erziehungswissenschaft, 9, Beiheft 5, 11–20.

Snell, B. (1955). Die Entdeckung des Geistes. Claassen, Hamburg.

Snyder, A. et al. (2003). Savant-like skills exposed in normal people by suppressing the left fronto-temporal lobe. Journal of Integrative Neuroscience, 2, 149–158.

Snyder, A. et al. (2004). Concept formation: ›Object‹ attributes dynamically inhibited from conscious awareness. Journal of Integrative Neuroscience, 3, 31–46.

Snyder, A. et al. (2006). Savant-like numerosity skills revealed in normal people by magnetic pulses. Perception, 35, 837–845.

Solomon, M. (1979). Beethoven. Bertelsmann, München.

Solomon, R. (1993). The passions. Hackett, Indianapolis.

Solomon, R. (2000). The philosophy of emotions. In: Lewis, M. & Haviland-Jones, J. (Hrsg.). Handbook of emotions. Guilford, New York.

Sternberg, R. (1999) (Hrsg.). Handbook of creativity. Cambridge University Press, Cambridge.

Tammet, D. (2006). Born on a blue day. Hodder & Stoughton, London.

Trash, T. & Elliot, A. (2002). Implicit and self-attributed achievement motives: Concordance and predictive validity. Journal of Personality, 70, 729–755.

Treffert, D. (2006). Extraordinary people. Universe, Lincoln.

Treffert, D. & Christensen, D. (2006). Blick in ein Supergedächtnis. Spektrum der Wissenschaft, Oktober, 68–73.

Vorländer, K. (1977). Immanuel Kant. Der Mann und das Werk. Felix Meiner, Hamburg.

Vorländer, K. (1986). Kants Leben. Felix Meiner, Hamburg.

Walser, M. (1994). Vormittag eines Schriftstellers. Suhrkamp, Frankfurt.

Wassmann, C. (2002). Die Macht der Emotionen. Wissenschaftliche Buchgesellschaft, Darmstadt.

Weischedel, W. (1973). Die philosophische Hintertreppe. Nymphenburger, München.

Wilson, T. & Schooler, J. (1991). Thinking too much: Introspection can reduce the quality of preferences and decisions. Journal of Personality and Social Psychology, 60, 181–192.

Wilson, T. et al. (1993). Introspecting about reasons can reduce postchoice satisfaction. Personality and Social Psychology Bulletin, 19, 331–339.

Wilson, T. et al. (2000). A model of dual attitudes. Psychological Review, 107, 101–126.

Wilson, T. (2002). Strangers to ourselves. Harvard University Press, Cambridge.

Wiseman, R. (2003). So machen Sie Ihr Glück. Mosaik, München.

Wormer, E. (2002). Bipolar. Knaur, München.

Young, R. et al. (2004). Switching skills on by turning off part of the brain. Neurocase, 10, 215–222.

Zimmer, D. E. (1981). Die Vernunft der Gefühle. Piper, München.

Personen- und Sachregister

Kursiv gestellte Ziffern weisen auf Begriffe in den Quellen und
Anmerkungen hin.

Bas Kast
Die Liebe und wie sich Leidenschaft erklärt
223 Seiten. Gebunden

Warum verlieben Sie sich?
Was macht uns attraktiv?
Wie verführt man?
Was ist das Geheimnis glücklicher Paare?

Alles, was die Wissenschaft über die Liebe weiß: Bas Kast hat
die neuesten Erkenntnisse der Psychologen, Mediziner, Ver-
haltensforscher und Neurophysiologen über das schönste
Gefühl der Welt zusammengefügt. Er erklärt uns die Logik
der Liebe und bringt uns so dem großen Glück ein Stück
näher.

»Charmant! Die neueste Forschung über die Liebe –
mit einem Augenzwinkern erzählt.«
Stefan Klein (Autor der »Glücksformel«)

S. Fischer

fi 1-038301 / 1

Stefan Klein
Zeit
Der Stoff, aus dem das Leben ist.
Eine Gebrauchsanleitung
320 Seiten. Gebunden

Das Geheimnis der gefühlten Zeit

Erfüllte Augenblicke der Liebe und des Glücks – warum nur
erscheinen sie uns immer so kurz und flüchtig? Und warum
will die Zeit, wenn wir ungeduldig warten, so gar nicht verge-
hen? Wie können wir in unserem hektischen Alltag bewusster mit unserer Zeit umgehen?

Der Bestsellerautor Stefan Klein zeigt uns, wie wir lernen
können, die Momente, aus denen das Leben besteht, nicht nur
wahrzunehmen, sondern auch zu genießen.

»Lesen Sie Kleins Buch. Es ist Zeit!«
stern

S. Fischer

fi 1-039610 / 1

Stephan Lebert/ Andreas Lebert
Anleitung zum Männlichsein
160 Seiten. Gebunden

Wann ist ein Mann ein Mann?

Der zerrissene Mann – als Abenteurer, Cowboy, Ritter, Don Juan hat er ausgedient. Frauenversteher, Abspüler und Leihvater zu sein, ist nur bedingt sexy. Die Folge: Der Mann von heute ist konturlos, er wagt nichts mehr, und aus dem Alltag hat er sich längst verabschiedet.

Was macht den Mann heute zum Mann? Und wie kann er sich als Vater, Sohn, Liebhaber, Verführer, Manager bewähren?

In leichtem Ton, mit Humor und ohne Betroffenheitspathos gelingt es den Autoren, die Einheit des Mannes zwischen George Clooney und dem Dalai Lama wieder herzustellen.

S. Fischer

fi 1-042503 / 1

Josef H. Reichholf
Eine kurze Naturgeschichte
des letzten Jahrtausends
336 Seiten. Gebunden

Ein historisch-ökologischer Rückblick auf die Zeit, aus der
die Gegenwart kommt und die Zukunft entsteht. Bei unserem
sorgenvollen Blick in die Zukunft sollten wir gründlicher als
bisher die Vergangenheit betrachten. Die Natur und mit ihr
das Klima waren nie stabil, wie es Naturschützer gerne behaupten. Reichholf liest in den Archiven der Natur und er-
läutert die Zusammenhänge zwischen der Lebensweise der
Menschen und dem Klimaverlauf. Fern von apokalyptischen
Szenarien nimmt er Stellung zu der gegenwärtigen Klima-
diskussion und zieht Lehren aus der Vergangenheit für
»Global Change« und die Zukunft.

»Das aufregendste Buch dieses Frühjahrs!«
Frankfurter Allgemeine Zeitung

S. Fischer

fi 1-062942 / 2